RABLATT +++ **EXTRABLATT** +++ **EXTRABLATT** +++ **EXTRABLATT** +++ **EXTRABLATT** +++ **EXTRABLATT** +++ **EXTRABLATT** +++

# Unsere Kopiervorlagen: MEHR ALS NUR PAPPE!

**STOPP** – bitte noch nicht umblättern! Bevor Sie sich in Ihre Unterrichtsvorbereitung stürzen, nehmen Sie sich zwei Minuten Zeit und lesen eine kurze Einführung in die Welt der Papphefter vom Verlag an der Ruhr. Denn nur so haben Sie immer alle Vorteile im Blick:

… man findet sie in jedem Regal – ob zu Hause oder im Lehrerzimmer
… sie sind immer schnell zur Hand
… sie liefern jederzeit Ideen, kompakt, aber vielfältig
… sie passen in jede Lehrertasche
… sie sparen Zeit und schonen die Nerven
… sie sind beliebig zu ergänzen und zu sortieren
… sie schonen die Umwelt
… sie sind kreativ, innovativ und absolut praxisnah!

**Bitte beachten:** Bücher mit aufgetrenntem oder beschädigtem Siegel gelten als gebraucht und können nicht mehr zurückgegeben werden.
**Servicetelefon:** 030/89785-235
Bücher dürfen nur von ihrem Erstbesitzer für den eigenen Unterrichtsgebrauch in Klassensatzstärke kopiert werden. Siehe auch Impressum.

## Ab jetzt mit neuem Verschluss

Ab sofort können Sie Ihre Kopiervorlagen spielend leicht aus dem Papphefter herausnehmen. Dank der raffinierten Konstruktion lässt sich jede Seite schnell entnehmen, ohne weitere Blätter lösen zu müssen.

**1. LOSMACHEN**

**4. HERAUSNEHMEN**

**2. BLÄTTERN**

**5. EINFÜGEN**

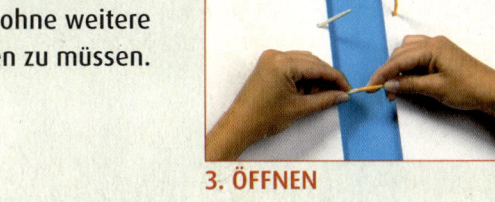
**3. ÖFFNEN**

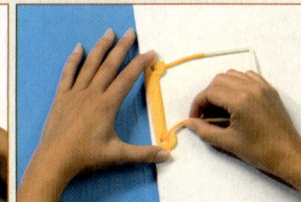
**6. SCHLIESSEN**

## WUSSTEN SIE SCHON …

… dass statistisch betrachtet jeder 2. Lehrer mind. einen Papphefter besitzt?
… dass sich derzeit ca. 1.750.000 Papphefter im Umlauf befinden und dass man, wenn man alle Papphefter hintereinander legt, zweimal das Ruhrgebiet umkreisen könnte?
… dass unsere Papphefter seit 25 Jahren treue Begleiter des Schulalltags sind – und dabei immer wieder mit neuen Ideen überraschen?
… dass die durchschnittliche Haltbarkeit eines Papphefters 10 Jahre beträgt?
… dass sich unsere Pappen auch hervorragend als Sitzunterlage beim Grillen, als Tablett oder Untersetzer, Sonnenschutz oder Fächer beim Schulfest sowie als Sichtschutz bei Klassenarbeiten eignen?

## KOPIERSCHUTZ

Mit diesem Papphefter erwerben Sie das Recht, die Kopiervorlagen aus dem Inhalt für Ihren eigenen Unterrichtsgebrauch in Klassensatzstärke zu vervielfältigen. Dies schließt die Weitergabe innerhalb des Kollegiums nicht mit ein. Wenn Sie von diesem Papphefter überzeugt sind, freuen wir uns, dass Sie Ihren Kollegen gegenüber eine Empfehlung aussprechen. Bitte geben Sie die Unterlagen nicht zum Kopieren weiter. Schützen Sie das Urheberrecht. Dies ermöglicht uns auch weiterhin, gute Materialien für Sie zu erstellen. Bitte beachten Sie dazu auch unsere Angaben im Impressum oder informieren Sie sich auf www.schulbuchkopie.de

# Ihr Komplettpaket für den Lektüre-Unterricht

**Verlag an der Ruhr**

Alexanderstraße 54
45472 Mülheim an der Ruhr

Telefon 05 21/97 19 330
Fax 05 21/97 19 137

bestellung@cvk.de
www.verlagruhr.de

Es gelten die Preise auf unserer Internetseite.

## 1) Die Literatur-Kartei Plus

Sie haben unsere Literatur-Kartei Plus erworben: Die bewährte Arbeitsmappe im Papphefter-Format, die Ihnen mit Arbeitsblättern für Ihre Schüler komplett ausgearbeitete Stunden und handlungsorientierte, kreative Aufgaben liefert.

## 2) Die Lehrerhandreichung

Zur einfacheren Vorbereitung finden Sie in der zur Kartei gehörigen Lehrerhandreichung:

- ▣ Hintergrundinformationen zu Roman, Autor und zentralen Motiven,
- ▣ Anregungen für eine Unterrichtsreihe,
- ▣ weiterführende Ideen für Ihren Unterricht,
- ▣ ein Exklusivinterview mit dem Romanautor.

■ **Themba**
Literatur-Kartei Plus – Lehrerhandreichung
Daniel Schönfeld
Kl. 7–10, 60 S., 16 x 23 cm, Heft
ISBN 978-3-8346-0588-7
**Best.-Nr. 60588**
6,50 € (D)/6,70 € (A)/11,90 CHF

## 3) Das Jugendbuch

Auch das Jugendbuch „Themba", auf das sich die Literatur-Kartei Plus bezieht, ist im Verlag an der Ruhr erhältlich.

■ **Themba**
Lutz van Dijk
Taschenbuch, 219 S.
ISBN 978-3-57030459-4
**Best.-Nr. 830459**
6,95 € (D)

*Mit dem Komplettpaket haben Sie stets eine verlässliche Stütze in allen Bereichen der Unterrichtsvorbereitung und -durchführung. Ein echtes Plus für mehr Spaß an der Lektüre!*

# LITERATURkartei [+]

*Marc Albrecht-Hermanns | Daniel Schönfeld*

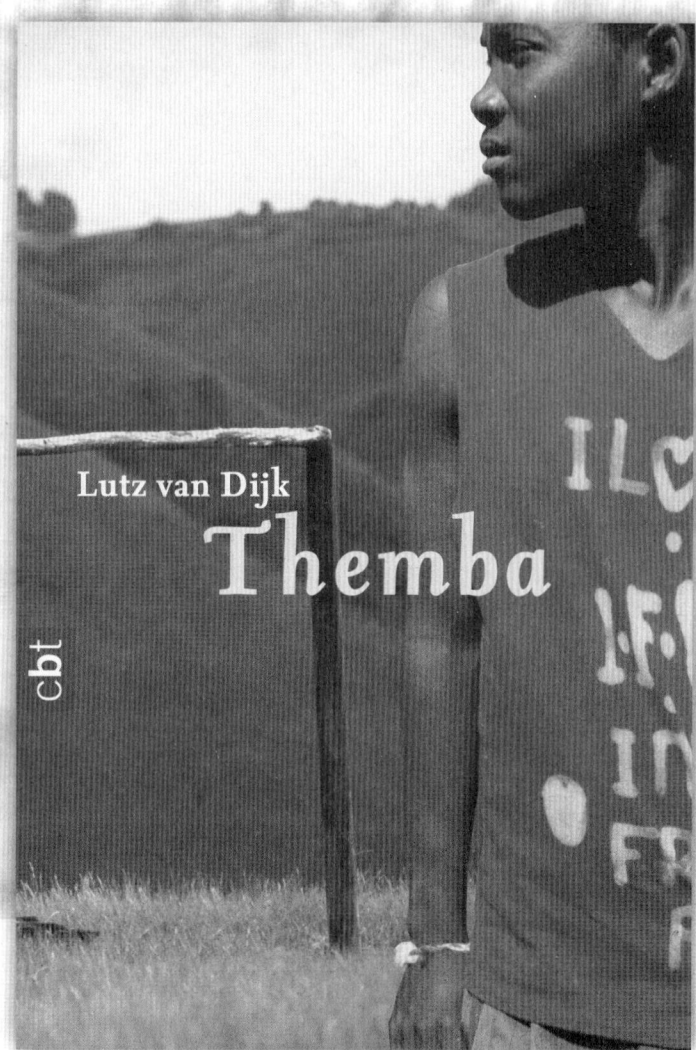

Diese Literatur-Kartei Plus bezieht sich auf das Jugendbuch „Themba" von Lutz van Dijk, erschienen bei cbt in der Verlagsgruppe Random House, München 2008 (erstmals erschienen bei cbj).
ISBN: 978-3-57030459-4
Einen Verweis auf mögliche Neuauflagen finden Sie auf unserer Homepage unter **www.verlagruhr.de**
Alle mit 📖 gekennzeichneten Zitate stammen aus dieser Ausgabe.

**Verlag an der Ruhr**

# Impressum

| | |
|---:|:---|
| **Titel:** | Literatur-Kartei Plus „Themba" |
| **Autoren:** | Marc Albrecht-Hermanns \| Daniel Schönfeld |
| **Titelbild und Lesezeichen:** | unter Verwendung des Buchcovers „Themba", © 2006 bei cbj Verlag, München; Coverbild: Corbis, Düsseldorf |
| **Illustrationen:** | Lisa Lenz, Michael Schulz (Icons) u.a. |
| **Druck:** | Druckerei Uwe Nolte, Iserlohn |
| **Verlag:** | Verlag an der Ruhr |

Alexanderstraße 54 – 45472 Mülheim an der Ruhr
Postfach 10 22 51 – 45422 Mülheim an der Ruhr
Tel.: 02 08/439 54 50 – Fax: 02 08/439 54 239
E-Mail: info@verlagruhr.de
www.verlagruhr.de

© **Verlag an der Ruhr 2009**
ISBN 978-3-8346-0587-0

**geeignet für die Klasse** 6 **7 8 9 10**

**Arbeitsmaterialien für die Sekundarstufe**

Die Schreibweise der Texte folgt der neuesten Fassung der Rechtschreibregeln – gültig seit August 2006.

Ein weiterer Beitrag zum Umweltschutz:

Das Papier, auf das dieser Titel gedruckt ist, hat ca. **50% Altpapieranteil,** der Rest sind **chlorfrei** gebleichte Primärfasern.

Wir sind seit 2008 ein ÖKOPROFIT®-Betrieb und setzen uns damit aktiv für den Umweltschutz ein. Das ÖKOPROFIT®-Projekt unterstützt Betriebe dabei, die Umwelt durch nachhaltiges Wirtschaften zu entlasten.

Das Werk und seine Teile sind urheberrechtlich geschützt. Jede Verwendung in anderen als den gesetzlich zugelassenen Fällen bedarf der vorherigen schriftlichen Einwilligung des Verlages. Die im Werk vorhandenen Kopiervorlagen dürfen für den eigenen Unterrichtsgebrauch in der jeweils benötigten Anzahl vervielfältigt werden.
Der Verlag untersagt ausdrücklich das Speichern und Zurverfügungstellen dieses Buches oder einzelner Teile davon im Intranet (das gilt auch für Intranets von Schulen), Internet oder sonstigen elektronischen Medien. Kein Verleih.

# Inhaltsverzeichnis

Inhaltsverzeichnis ..................................................... 3
Vorwort ...................................................................... 4
Lesezeichen .............................................................. 5

## EXPERTENthemen

Themba spricht isiXhosa ........................................ 6
Das Zeitgerüst: Thembas Biografie ....................... 7
Thembas Vater und die Apartheid ........................ 8
Ein roter Faden: Aids .............................................. 9
Die Hauptfiguren des Romans ............................. 10
Wie Themba Fußball spielt ................................... 11

## ZUM Roman

Die Widmung: Wer ist Nkosi Johnson? ............... 12
Die Kapitäne: Radebe und Ballack ...................... 13
Themba als Junge und junger Mann .................. 15
Themba erinnert sich ........................................... 16
Themba stellt sich vor .......................................... 17
Nomtha und Themba ............................................ 18
Eine südafrikanische Familie ............................... 19
Der Weg in die Rassentrennung .......................... 21
Das Ende der Rassentrennung ............................ 22
Mandela – verurteilt, befreit, verehrt .................. 23
Sangoma: Zauberer? Ärzte? Scharlatane? .......... 25
Aids-Vorbeugung mit den Sangoma .................. 26
Wie Spannung erzeugt wird ................................ 27
Kriminalität in Südafrika ...................................... 28
Thembas „neue" Familie ..................................... 29
Veränderungen: Thembas Familie ...................... 30

Sipho und seine Geschichte ................................ 31
Die „Löwen": Der Weg zum Erfolg ...................... 32
Südafrikas Nationalmannschaft .......................... 33
Südafrikas Fußballer im Ausland ........................ 35
Südafrikas Fußballer: Interviews ......................... 36
Fußballstar – Ein Traumberuf? ............................ 38
Frauen und Fußball .............................................. 39
Onkel Luthando – der Vergewaltiger .................. 40
Aids und Vergewaltigungen ................................. 41
Unterwegs nach iKapa ......................................... 42
Easy Xhosa – isiXhosa? ....................................... 43
Südafrikas viele Amtssprachen ........................... 44
Der lange Weg zur Mutter .................................... 46
Das Wiedersehen im Township ........................... 47
„Mutter hat Aids" – Tabu und Realität ................. 48
Aids in Südafrika: Statistiken ............................... 50
Etwas hinterlassen: Memory Books .................... 51
Die Xhosa und der Tod ........................................ 52
Homes for Kids in South Africa ........................... 53
Eine Schreibkonferenz durchführen .................... 55
Unterwegs als Sportreporter ............................... 56
WM in Südafrika: Die Stadien .............................. 58

## FILM & Autor

Ein Interview mit Lutz van Dijk .............................. 59
Eine Filmszene analysieren ................................. 60
Buch und Film – Szene vergleichen .................... 61
Vom Buch zum Film – Ein Drehbuch ................... 62
„Das hab ich mir anders vorgestellt" ................... 63

Lösungen ................................................................ 64
Literatur- und Internettipps .................................. 67

# Verlag an der Ruhr

Postfach 10 22 51,
45422 Mülheim an der Ruhr

Alexanderstraße 54,
45472 Mülheim an der Ruhr

Bitte richten Sie Ihre
Bestellung an:

Telefon 05 21/97 19 330

Fax 05 21/97 19 137

bestellung@cvk.de

Es gelten die aktuellen Preise
auf unserer Internetseite.

■ **Produktive Unterrichtseinstiege**
100 motivierende Methoden für die Sekundarstufen
Kl. 5–13, 134 S., 16 x 23 cm, Pb.
ISBN 978-3-8346-0022-6
**Best.-Nr. 60022**
**15,80 € (D)**/16,25 € (A)/27,60 CHF

■ **Unterrichtseinheiten erfolgreich abschließen**
100 ergebnisorientierte Methoden für die Sekundarstufen
Kl. 5–13, 137 S., 16 x 23 cm, Pb.
ISBN 978-3-8346-0153-7
**Best.-Nr. 60153**
**15,80 € (D)**/16,25 € (A)/27,60 CHF

■ **Produktive Arbeitsphasen**
100 Methoden für die Sekundarstufe
Kl. 5–13, 152 S., 16 x 23 cm, Pb.
ISBN 978-3-8346-0325-8
**Best.-Nr. 60325**
**15,80 € (D)**/16,25 € (A)/27,60 CHF

■ **Bessere Chancen für alle durch individuelle Förderung**
Die besten Methoden
Kl. 5–10, 182 S., A5, Pb.
ISBN 978-3-8346-0381-4
**Best.-Nr. 60381**
**17,80 € (D)**/18,30 € (A)/31,20 CHF

■ **Lerncoaching**
Vom Wissensvermittler zum Lernbegleiter. Grundlagen und Praxishilfen.
Für alle Schulstufen, 140 S., 16 x 23 cm, Pb., zweifarbig
ISBN 978-3-8346-0393-7
**Best.-Nr. 60393**
**17,80 € (D)**/18,30 € (A)

■ **Erfolgreich unterrichten – Für Profis, Quereinsteiger und Externe**
Tipps zu den 55 häufigsten Stolperfallen
Für alle Schulstufen, 144 S., 16 x 23 cm, Pb.
ISBN 978-3-8346-0340-1
**Best.-Nr. 60340**
**17,80 € (D)**/18,30 € (A)/31,20 CHF

■ **Mit guten Fragen lernt man besser**
Die besten Fragetechniken für den Unterricht
Kl. 1–7, 186 S., 16 x 23 cm, Pb.
ISBN 978-3-8346-0382-1
**Best.-Nr. 60382**
**17,80 € (D)**/18,30 € (A)/31,20 CHF

■ **Gegen Chaos und Disziplinschwierigkeiten**
Eigenverantwortung i.d. Klasse fördern
6–19 J., 180 S., A5, Pb.
ISBN 978-3-86072-916-8
**Best.-Nr. 2916**
**14,50 € (D)**/14,90 € (A)/25,90 CHF

■ **Wenn Sanktionen nötig werden: Schulstrafen**
Warum, wann und wie?
Kl. 5–13, 157 S., 16 x 23 cm, Pb.
ISBN 978-3-8346-0324-1
**Best.-Nr. 60324**
**17,80 € (D)**/18,30 € (A)/31,20 CHF

■ **Der Klassenrat**
Ziele, Vorteile, Organisation
Für alle Schulstufen, 165 S., A4, Pb.
ISBN 978-3-8346-0060-8
**Best.-Nr. 60060**
**21,80 € (D)**/22,40 € (A)/38,20 CHF

■ **Schnelles Eingreifen bei Mobbing**
Strategien für die Praxis
Für alle Schulstufen, 128 S., 16 x 23 cm, Pb.
ISBN 978-3-8346-0450-7
**Best.-Nr. 60450**
**14,80 € (D)**/15,20 € (A)/26,10 CHF

# Keiner darf zurückbleiben!

**Informationen und Beispielseiten unter**
## www.verlagruhr.de

### ■ Das Portfolio-Konzept in der Sekundarstufe
Individualisiertes Lernen organisieren
Kl. 5–13, 98 S., A4, Pb., zweifarbig
ISBN 978-3-8346-0152-0
**Best.-Nr. 60152**
**19,80 € (D)**/20,35 € (A)/34,70 CHF

### ■ Portfoliomappe Selbstdisziplin
10–16 J., 116 S., A4, Pb.
ISBN 978-3-8346-0341-8
**Best.-Nr. 60341**
**19,50 € (D)**/20,– € (A)/34,20 CHF

### ■ Portfoliomappe Berufsfindung
Arbeitsmaterialien zur Selbsteinschätzung
12–21 J., 167 S., A4, Spiralb.
ISBN 978-3-8346-0409-5
**Best.-Nr. 60409**
**21,50 € (D)**/22,10 € (A)/37,70 CHF

### ■ „Hab ich voll verpeilt, Alter!"
Alltagskommunikation trainieren mit Jugendlichen
13–18 J., 112 S., A4, Pb.
ISBN 978-3-8346-0499-6
**Best.-Nr. 60499**
**20,50 € (D)**/21,10 € (A)/35,90 CHF

### ■ Stimmt das wirklich?
Informationen beschaffen, bewerten, benutzen
Kl. 6–10, 129 S., A4, Pb.
ISBN 978-3-8346-0456-9
**Best.-Nr. 60456**
**19,80 € (D)**/20,35 € (A)/34,70 CHF

### ■ Aufsatzkorrekturen fair und transparent
Checklisten und Beurteilungshilfen
Kl. 5–10, 97 S., A4, Pb. mit CD-ROM
ISBN 978-3-8346-0328-9
**Best.-Nr. 60328**
**19,80 € (D)**/20,35 € (A)/34,70 CHF

### ■ 100 Ideen für die Arbeit mit Lyrik
Lyrik schreibend erkunden
Kl. 5–7, 56 S., A4, Papph.
ISBN 978-3-8346-0509-2
**Best.-Nr. 60509**
**18,50 € (D)**/19,– € (A)/32,40 CHF

### ■ Foto-Kartei Sprachunterricht
40 Bildimpulse fürs Sprechen, Schreiben und szenische Spiel
Kl. 5–10, A5 quer, Spiralb., vierf., 40 vierf. Karten + 30-seitiges Begleitmaterial
ISBN 978-3-8346-0513-9
**Best.-Nr. 60513**
**19,80 € (D)**/20,35 € (A)/34,70 CHF

### ■ „Alle Juden sind…"
50 Fragen zum Antisemitismus
14–99 J., 184 S., 16 x 23 cm, Pb., vierf.
ISBN 978-3-8346-0408-8
**Best.-Nr. 60408**
**19,50 € (D)**/20,– € (A)/34,20 CHF

### ■ Kann ICH die Welt retten?
verantwortungsvoll leben – clever konsumieren
13–19 J., 114 S., A4, Pb.
ISBN 978-3-8346-0452-1
**Best.-Nr. 60452**
**19,80 € (D)**/20,35 € (A)/34,70 CHF

### ■ Wertlos – Wertvoll
Recycling-Ideen für den Kunstunterricht
Kl. 5–10, 96 S., A4, Pb. (mit vierf. Abb.)
ISBN 978-3-8346-0473-6
**Best.-Nr. 60473**
**20,50 € (D)**/21,10 € (A)/35,90 CHF

### ■ Kunst mit dem, was da ist
Ideen für (un)geplante Kunststunden.
Klasse 5–7
Kl. 5–7, 96 S., 16 x 23 cm, Spiralb., vierf.
ISBN 978-3-8346-0472-9
**Best.-Nr. 60472**
**17,80 € (D)**/18,30 € (A)/31,20 CHF

## Keiner darf zurückbleiben!

Informationen und Beispielseiten un
www.verlagruh

# Vorwort

Lutz van Dijk schreibt nicht einfach, um zu unterhalten. Mit seinen Büchern kämpft er – für Verständnis, für Akzeptanz, für Unterstützung. Mit dem Roman „Themba" hat er sich dem Land, in dem er lebt, gewidmet: **Südafrika.** *„Dass Menschen in Deutschland neben all dem Jubel und Trubel rund um die Fußball-WM 2010 auch mehr davon begreifen, wie die Mehrheit der Südafrikaner heute lebt – und was vor allem junge Menschen bewegt",* das erhofft er sich von „Themba". *„In Südafrika ist bisher selten so offen wie in meinem Buch und dem Film über* **Aids** *und* **das Leben junger Leute** *gesprochen worden. Es wird hoffentlich vielen Mut machen, sich nicht mehr zu schämen oder gar zu verstecken."*

Die Figur Themba hat viele Facetten. Zunächst einmal ist er ein Junge, der erwachsen wird, der mit **Armut, Gewalt** und **Verlusten** zu kämpfen hat. Aber er ist auch ein aufgehender **Stern am Fußballhimmel.** Und nicht zuletzt ist er jemand, der sich sehr früh in seinem Leben mit dem Thema **Aids** intensiv auseinandersetzen muss – weil er seine Mutter daran verlieren wird und weil er selbst HIV-positiv ist.

In Südafrika teilen viele Thembas Schicksal: Eltern wie Kinder. Gleichzeitig wird das Thema Aids nach wie vor tabuisiert – was die Situation noch schlimmer macht und die Zahl der Ansteckungen weiter in die Höhe schießen lässt. Es wird besser, wenn darüber geredet wird – und es wurde schon darüber geredet, ob von dem kleinen Jungen Nkosi Johnson vor der World Aids Conference oder von Nelson Mandela, der öffentlich von der Infektion seines Sohnes sprach. Oder eben von Lutz van Dijk – beziehungsweise von seinem Helden Themba, der lernt, sein Schicksal in die Hand zu nehmen und seine Infektion zu akzeptieren.

Diese Literatur-Kartei vertieft das **Verständnis des Romans** ebenso wie seine **thematischen Schwerpunkte:** Fußball, Aids und die **Folgen der Rassentrennung.**

---

\* Aus Gründen der besseren Lesbarkeit haben wir in diesem Buch durchgehend die männliche Form verwendet. Natürlich sind damit auch immer Frauen und Mädchen gemeint, also Lehrerinnen, Schülerinnen etc.

Die einzelnen Arbeitsblätter enthalten:

Zitate/Originaltexte

Aufgaben

Zusatzaufgaben für ganze Schnelle

Tipps zum Lösen der jeweiligen Aufgaben

weiterführende Informationen

Im ersten Teil der Literatur-Kartei, **„Expertenthemen",** findet ihr sechs Arbeitsblätter für Experten:* „Fußballer", „Sprachgenies", „Schriftsteller", „Zeitdetektive", „Kommissare" und „Mediziner". Davon sind die letzten beiden ganz schön anspruchsvoll, die ersten vier ein bisschen einfacher zu lösen. Die jeweiligen „Expertengruppen" erarbeiten anhand ihres Arbeitsblattes gemeinsam über die Lektüre hinweg ein bestimmtes Thema und tragen dem Rest der Klasse am Ende ihre Ergebnisse vor.

Im zweiten Teil, **„Zum Roman",** findet ihr dann Arbeitsblätter, die chronologisch das Geschehen des Romans behandeln und gleichzeitig viele Hintergrundinformationen liefern.

Der dritte Teil, **„Film & Autor",** enthält entsprechende Informationen und Aufgaben über den Roman hinaus – unter anderem ein Interview mit Lutz van Dijk.

*Nun wünschen wir euch aber viel Spaß bei der Lektüre!*

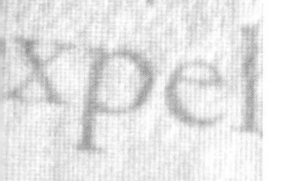

# Lesezeichen

Das Lesezeichen auf dieser Seite dient der besseren Orientierung im Roman. Zum einen lassen sich die Kapitel damit leichter auffinden und benennen, zum anderen kannst du dich mit Hilfe der Zeilennummerierung leichter auf einer Seite zurechtfinden. Insbesondere für genaues Zitieren ist diese Arbeitshilfe sinnvoll.

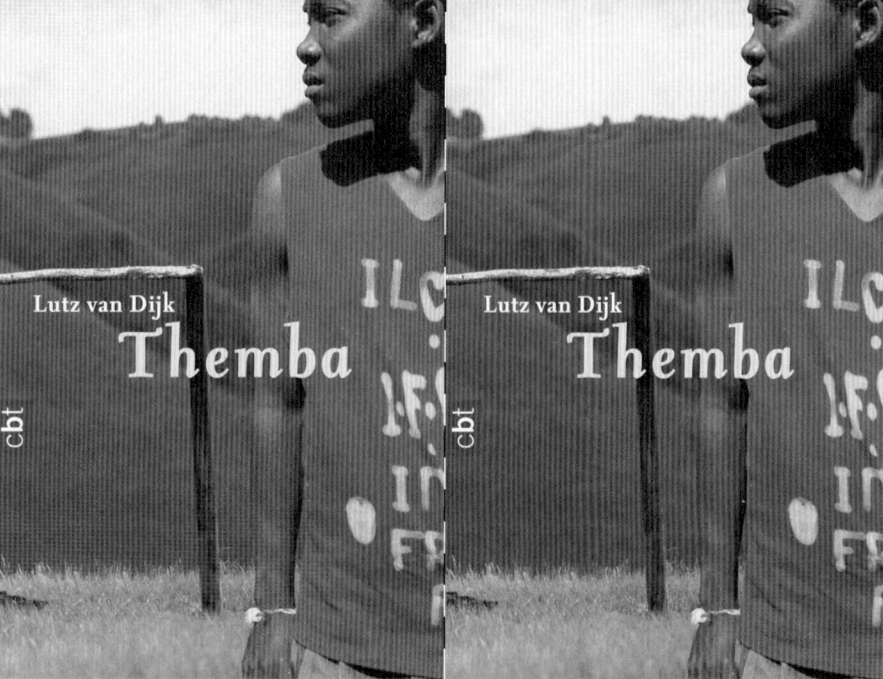

| Seite | Kapitelübersicht (Deutsch) | Kapitelübersicht (isiXhosa) |
|---|---|---|
| 11 | 1. Unter der Dusche | 1. Kwishawa |
| 19 | 2. Nachts am Fluss | 2. Ebuzukngasemanjeni |
| 28 | 3. Damals ... Vater | 3. Kudala u Tata |
| 42 | 4. Überleben in Qunu | 4. Okushiyekileyo eQunu |
| 57 | 5. Löwen wie wir | 5. Suyafan neengon yamaya |
| 70 | 6. Abschied von Mutter | 6. Hamba kakuhle Mama |
| 83 | 7. Worldcup in Umtata | 7. iWorldcup e Mthata |
| 99 | 8. Blutrot | 8. Bomuy njengegazi |
| 115 | 9. Die Flucht | 9. Ukusaba |
| 129 | 10. Unterwegs | 10. Endleleni |
| 145 | 11. Im Township | 11. eLokishini |
| 160 | 12 Jetzt oder nie | 12. Ngoku okhange nayi nyeke |
| 173 | 13. Das Haus der Kinder | 13. Ikkaya labantwana |
| 187 | 14. Die Entscheidung | 14. Isigqibo |
| 202 | 15. Vor laufender Kamera | 15. Isasazwangqo kumabona kude |

Wenn du dieses Lesezeichen mit der Zeilennummerierung in deinem Buch anlegst, kannst du genaue Angaben zu den von dir gefundenen Informationen machen!

Wenn du dieses Lesezeichen mit der Zeilennummerierung in deinem Buch anlegst, kannst du genaue Angaben zu den von dir gefundenen Informationen machen!

**EXPERTEN**thema [I]

# Themba spricht isiXhosa

Deine Expertenrolle nimmst du während der ganzen Lektüre ein!
Beim Lesen wirst du feststellen, dass (meistens kursiv gedruckte) Worte in einer fremden Sprache auftauchen. Diese Sprache heißt *isiXhosa* und ist nach dem afrikanischen Volk der Xhosa benannt, dem Themba angehört.
Lutz van Dijk, der Autor des Romans, lässt uns aber nicht damit allein.
Meistens, wenn er isiXhosa verwendet, kommt kurz danach auch die Übersetzung.

Am Ende des Romans (S. 231) findest du ein „kleines Wörterbuch".
Manchmal gibt es die Übersetzung erst dort.

Lege nach dem folgenden Muster eine Vokabelliste an!

Immer wenn du ein isiXhosa-Wort findest:
1. Sortiere links den Begriff ein, und notiere rechts die deutsche Übersetzung.
   ▣ Nimm auch Namen und Ortsnamen in deine Liste mit auf.
   ▣ Vergiss die Kapitelüberschriften nicht!
2. Notiere immer auch die Seite, auf der du das Wort in isiXhosa gefunden hast.

Wenn du mit dem PC arbeitest, lassen sich die einzelnen Wörter einfacher alphabetisch sortieren.

|   | isiXhosa | deutsche Übersetzung | Seite |
|---|---|---|---|
| A |   |   |   |
| B | Bafana Bafana |   | 12/214 |
| C |   |   |   |
| D |   |   |   |
| E |   |   |   |
| F |   |   |   |
| G |   |   |   |
| H |   |   |   |
| I | iMonti | East London | 12 |
| J |   |   |   |
| K | Kwishawa | Unter der Dusche | 11 |
| ... | ... | ... | ... |

LITERATURkartei [+] „Themba"

**Zeit-detektive**

EXPERTEN*thema* [II]

# Thembas Biografie

Deine Expertenrolle nimmst du während der ganzen Lektüre ein!
Beim Lesen wirst du, wenn du genau hinschaust, feststellen,
dass der Geschichte ein klares zeitliches Gerüst zugrunde liegt.
Anhand dessen sollst du nun, soweit es der Text zulässt,
Thembas bisherige Biografie rekonstruieren.

1. Lege dir eine Zeitleiste an, indem du ein DIN-A3-Blatt längs in drei gleich breite Streifen zerschneidest. Klebe sie nun zu einem langen Streifen zusammen.

2. Du beginnst mit deiner „Zeitrechnung" im zweiten Kapitel. Natürlich gibt es immer nur wenige Informationen über Thembas Alter und nur selten eine Jahreszahl. Aber wenn du ein guter Zeitdetektiv bist, kannst du die Zahlen mit etwas Knobeln herausfinden! Beschrifte den Streifen so, dass die unten stehenden Informationen enthalten sind.

*Trage alle Informationen zunächst mit Bleistift ein, und lasse genug Platz zwischen den einzelnen Altersabschnitten, damit du ggf. etwas nachtragen kannst, was du in einem späteren Kapitel erfährst.*

| Thembas Alter | 0 Jahre | 4–5 Jahre alt | 12 Jahre alt | ... |
|---|---|---|---|---|
| Jahreszahl Monat | 1990 Januar/Februar | | | ... |
| Textstelle | „Zwei Wochen nach deiner Geburt, im Februar 1990 ..." | „Ich war höchstens vier oder fünf, als er ... verschwand" | „In einer solchen Nacht liegen Nomtha und ich ... Ich bin höchstens zwölf" | ... |
| Was passiert zu dieser Zeit? | Themba wird geboren | Thembas Vater verschwindet | Themba und Nomtha beobachten die Sangoma | ... |
| Seite | S. 31 | S. 13 | S. 20 | ... |

LITERATUR*kartei* [+] „Themba"

**Kommissare**

EXPERTENthema [III]

# Thembas Vater und die Apartheid

Deine Expertenrolle nimmst du während der ganzen Lektüre ein!
Auf S. 26 erfährt Themba, dass sein Vater gegen die Rassentrennung (Apartheid) in Südafrika gekämpft hat.

Bis ins Jahr 1994, dem endgültigen Ende der Apartheid, sicherte sich die weiße Bevölkerung in Südafrika – zahlenmäßig eigentlich in der Minderheit – die Führungsrolle. Im 20. Jahrhundert besaßen die Weißen so viel Macht, dass sie alle Nichtweißen unterdrücken und ausgrenzen konnten.
Hier sind ein paar Beispiele für die Auswirkungen der Apartheid, gegen die Thembas Vater gekämpft hat, im Alltag:

Foto: El C, Quelle: commons.wikimedia.org

- **Wohngebiete:** Innerhalb der Städte wurden den nichtweißen Gruppen bestimmte Gebiete *(Townships)* zugewiesen. Außerdem wurden für die schwarze Bevölkerung „Stammesstaaten", so genannte *Homelands* innerhalb des Landes abgegrenzt.

- **Öffentliche Gebäude:** Viele öffentliche Gebäude durften von Schwarzen nicht betreten werden.

- **Medizinische Versorgung:** Im Durchschnitt kam bei den Weißen ein Arzt auf 330 Personen, bei den Schwarzen dagegen ein Arzt auf 91 000 Personen. In den Homelands war die Situation noch schlimmer, dort gab es meistens überhaupt keine Ärzte oder Krankenschwestern. Im Schnitt starben zu Zeiten der Apartheid in Südafrika drei schwarze Kinder pro Stunde, auf Grund mangelnder medizinischer Versorgung und auf Grund der schlechten Ernährungssituation der Schwarzen.

- **Bildung:** Für Schwarze gab es nur sehr wenig Bildungsangebote, während für Weiße alle Möglichkeiten offenstanden. Die Wirtschaft Südafrikas bekam mit dieser Politik Probleme, denn dadurch gab es zu wenig qualifizierte Fachleute. Das Ende der Apartheid hatte also auch wirtschaftliche Gründe.

1. Führe während der Lektüre in deinem Heft eine Tabelle, in der du alle Textstellen festhältst, in denen du etwas über Thembas Vater erfährst. Was weißt du am Ende über ihn? Warum verlässt er die Familie?

2. Recherchiere im Internet (z.B. hier: www.suedafrika.net/Seiten/apartheid.html) oder in der Schulbibliothek zum Thema „Apartheid", und fertige mit Hilfe der gefundenen Informationen und der Beispiele auf dieser Seite ein Infoplakat für deine Mitschüler an. Du kannst dafür auch Bildmaterial aus Zeitschriften, Katalogen etc. verwenden oder selber etwas zeichnen. Erläutere im Zusammenhang mit deinen Ergebnissen die Gründe, weshalb Thembas Vater verfolgt, verhaftet und gefoltert wurde.

3. Am Ende des Buches meldet sich der Vater. Diskutiert in der Klasse, welche Gründe er dafür haben könnte, sich zu melden. Wie könnte die Geschichte zwischen Themba und seinem Vater weitergehen?

4. Verfasse mit einem Partner das erste Gespräch zwischen den beiden.

**EXPERTEN**thema [IV]

# Ein roter Faden: Aids

Deine Expertenrolle nimmst du während der ganzen Lektüre ein!
Aids ist ein häufig wiederkehrendes Motiv des Romans und wird immer wieder aus verschiedenen Blickwinkeln betrachtet. Von fünfzehn Kapiteln wird in acht das Thema „Aids" auf ganz unterschiedliche Weise behandelt.

1. Aids, HIV – was genau ist das eigentlich? Recherchiere darüber in eurer Schulbibliothek oder im Internet, und versuche, die Krankheit in vier Sätzen zu beschreiben.

2. Übertrage die Tabelle in dein Heft, und fülle sie vollständig aus. Achtung: Nicht in jedes Feld muss etwas eingetragen werden.

| Kapitel | Was wird in dem Kapitel über Aids gesagt? | Wie wird die medizinische Versorgung von Aidskranken geschildert? |
|---|---|---|
| „Nachts am Fluss" | Die Sangoma fragen die Geister um Rat ... | |
| „Überleben in Qunu" | | |
| „Die Flucht" | | |
| „Das Haus der Kinder" | Themba wird klar, dass Luthando an Aids erkrankt ist und damit die Wahrscheinlichkeit groß ist, dass Themba von ihm infiziert wurde ... | |
| ... | ... | ... |

3. Dem „Haus der Kinder", das wirklich existiert, ist ein ganzes Kapitel gewidmet (13. Kapitel). Welche Bedeutung kann ein solches Haus für seine Umgebung haben? Diskutiere mit einem Partner.

4. Im letzten Kapitel gibt Themba vor laufenden Kameras bekannt, dass er HIV-positiv ist. Die Reaktionen auf diese Bekanntgabe sind zwiespältig. Stelle die unterschiedlichen Meinungen in einer Grafik dar. Beziehe auch selbst Stellung: Würdest du wie Themba handeln? Ordne deine Meinung an geeigneter Stelle in die Grafik ein.

LITERATURkartei [+] „Themba"

# Die Hauptfiguren des Romans

Deine Expertenrolle nimmst du während der ganzen Lektüre ein!
Den Aufbau eines Romans machen verschiedene Dinge aus.
Ganz entscheidend sind natürlich die Figuren, die darin mitwirken.
Die Hauptfiguren sollst du nun im Laufe der Lektüre genau in
Augenschein nehmen.

Sammle zu den unten stehenden Romanfiguren möglichst viele
Informationen in Stichworten, sodass sich daraus eine Art Steckbrief ergibt.
Folgende Informationen solltest du berücksichtigen:
- Aussehen
- Charakter
- Beziehung zu den anderen Figuren
- Was erlebt die Figur?/Was macht die Figur?
- Wie ist die Person an der Romanhandlung beteiligt?

Am Ende der Lektüre fertigst du eine Wandzeitung (z.B. auf alten
Kalender- oder auf Flipchartblättern) an, in der du deinen Mitschülern
die Figuren vorstellst. Dafür kannst du die Bilder unten größer kopieren
und ausmalen, oder du malst die Figuren selber. Du kannst auch mit
Collage-Technik arbeiten und Bildmaterial aus Zeitschriften,
Katalogen etc. verwenden!

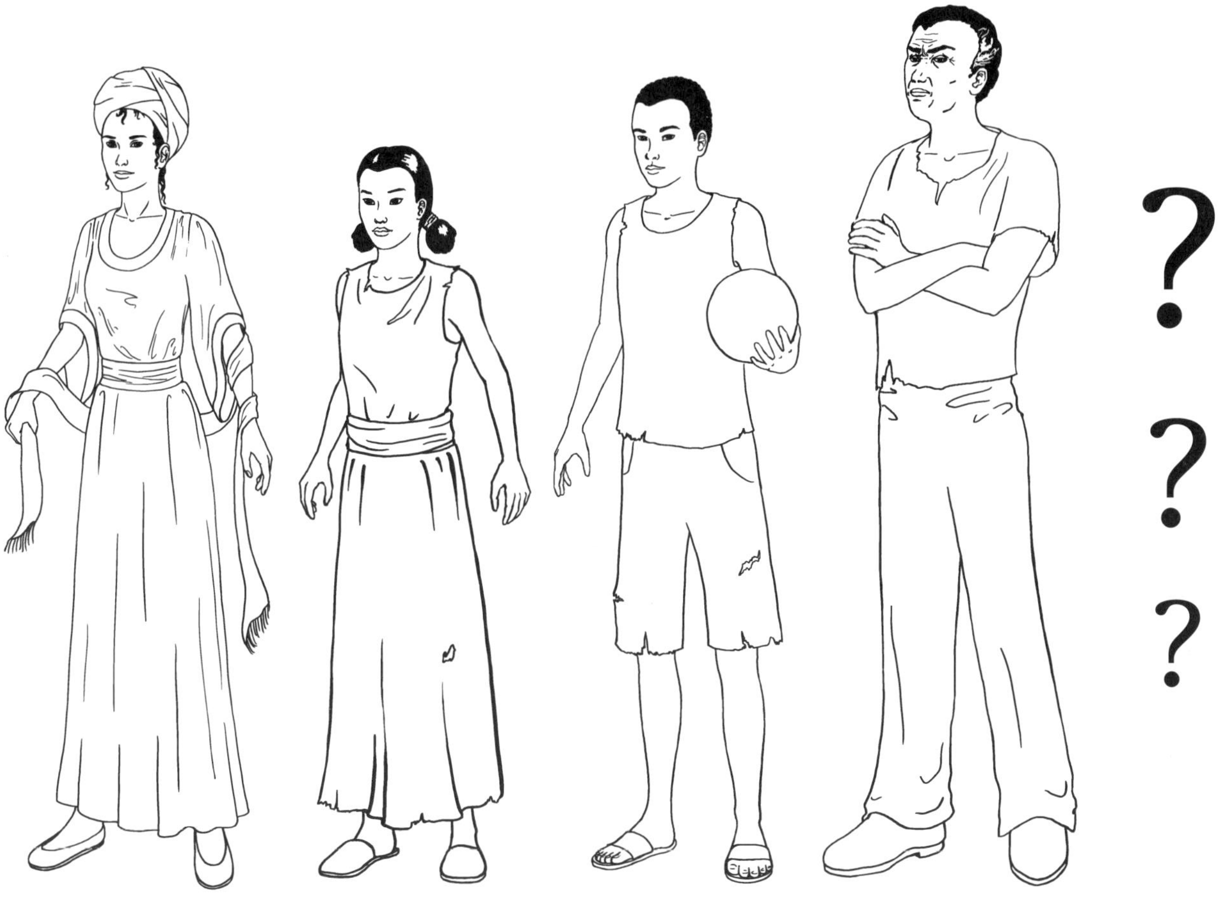

Mutter — Nomtha — Themba — Luthando — Vater

**Fussballer**

EXPERTEN*thema* [VI]

# Wie Themba Fußball spielt

Deine Expertenrolle nimmst du während der ganzen Lektüre ein!
Themba ist im ersten Kapitel auf dem Höhepunkt seiner Fußballkarriere.
Er hat im Spiel für die Nationalmannschaft das entscheidende Tor geschossen,
und die Welt liegt ihm zu Füßen. Andile drückt es so aus: „Mann, heute
kannst du alles haben!" (S. 11). Der Weg zum Fußballprofi war für Themba
nicht vorgezeichnet, sondern hat sich durch viele Zufälle ergeben. Gehe diesen
Zufällen mit den unten stehenden Aufgaben und Fragen nach.

„Dein Arsch ist hier nur so viel wert wie deine Leistung",
sagt Andile (S. 12). **Was meint er damit?**

„Spielst du auch gern Fußball?", fragt Sipho Themba (S. 41).
Als Fußballexperte spielst du bestimmt auch selber, oder?
**Weißt du noch, wann und wie du dazu gekommen bist?**

In der Schule gibt es eine Fußball-AG. Warum macht Themba da nicht mit?
**Wo kann man bei euch Fußball trainieren?**

Andy bringt eine Fußballzeitung mit. **Wie heißt sie?**
Was ist das Besondere daran? Welche deutschen Fußballzeitungen
kennst du, und wie findest du sie?

Dieses Kapitel dreht sich um den Fußballwettbewerb in Umtata.
**Wie einigen sich die Jungs auf die Mannschaftsaufstellung?
Welche Probleme gibt es?**

Wie geht die Mannschaft mit den Niederlagen um?
Erstelle gemeinsam mit einem Partner eine Liste mit Tipps:
Wie sollte man mit Niederlagen umgehen?

Der Trainer spricht mit Themba und gibt ihm seine Karte.
**Versuche herauszufinden, wie Spieler in Deutschland zu den
Bundesligavereinen kommen.**
(Tipp: Das Stichwort „Scout" wird dir bei deiner Recherche helfen.)

Themba nimmt sein Schicksal selbst in die Hand. **Was macht er in diesem Kapitel?**

Themba beginnt mit dem Training im Verein. **Interviewe einen Mitschüler,
der im Verein Fußball spielt, über dessen Fußballtraining.**
Denke dir zunächst Fragen aus (z.B. zu Organisation und Abläufen,
Trainingseinheiten, Team ...). Halte die Antworten schriftlich fest.
Falls du selber trainierst, gebe darüber detailliert Auskunft.

Themba wird mit siebzehn Jahren eingestellt. **Ab wie viel Jahren
kann man in Deutschland Fußballprofi werden (z.B. im Fußballinternat
von Werder Bremen)?**

Themba lernt den Ruhm kennen. **Fertige eine Pro- und Kontraliste an.
Was ist gut und was ist schlecht, wenn man berühmt ist?**

LITERATUR*kartei* [+] „Themba"

## Wer ist Nkosi Johnson?

*Dieses Buch ist Nkosi Johnson (1989–2001) gewidmet, der im Alter von elf Jahren rund 12 000 Teilnehmern der Welt-Aids-Konferenz 2000 im südafrikanischen Durban über sein Leben als aidskranker Junge berichtete und sich für kostenlose aidshemmende Medikamente für alle Menschen einsetzte, lange bevor die Regierung dazu bereit war. Nkosi starb am 1. Juni 2001, kurz nach seinem zwölften Geburtstag.*

*Lutz van Dijk*
*– 📖 S. 7*

Lutz van Dijk widmet seinen Roman Themba einem kleinen Jungen, Nkosi Johnson, der mit 12 Jahren an Aids gestorben ist. Warum ist Nkosi so bekannt geworden? Auf einer ihm gewidmeten Website ist Folgendes zu lesen:

„Der 1989 geborene Nkosi Johnson hatte, wie täglich etwa 200 Neugeborene in Südafrika, das HI-Virus von seiner Mutter Daphne übertragen bekommen. Seine Mutter wurde aus ihrer Familie ausgestoßen, als sich Zeichen der Immunschwäche zeigten, und musste den Jungen mit zwei Jahren in ein Heim für HIV-infizierte Kinder geben. Sie selbst starb 1997 an Aids. Nkosi wurde im Alter von drei Jahren von seiner Pflegemutter Gail Johnson adoptiert und hatte so im Gegensatz zu den meisten Aids-Waisen das Glück, eine Familie zu haben. Weltweite Berühmtheit erlangte Nkosi, als er vor den Delegierten des 13. Welt-Aids-Kongresses in Durban und damit der Öffentlichkeit in der ganzen Welt eine ergreifende Rede hielt. In dieser warb der Junge für mehr Toleranz für HIV-Infizierte und Aids-Kranke. In dem Land, in dem ca. 4,7 Millionen Menschen mit HIV infiziert sind, wurde Nkosi wie ein Held gefeiert.

Mit eisernem Willen kämpfte er gegen die Krankheit und steht als Symbol für 13 Millionen Aids-Waisen in Afrika. Seine Botschaft war überzeugend: ‚Wir sind normale menschliche Wesen. Wir können laufen, wir können sprechen. Wir haben Bedürfnisse wie jeder andere. Sorgt für uns und akzeptiert uns.' Mit einfachen Worten bewegt er mehr als die meisten Politiker. Das südafrikanische Parlament ehrte ihn nach seinem Tod mit einer Schweigeminute."

– Quelle: www.nkosi.de/1165.html

1. Erläutere kurz, warum Nkosi Johnson in Südafrika wie ein Held gefeiert wurde.

2. Überlege mit deinem Banknachbarn, warum ein Junge wie Nkosi Johnson in einem solchen Fall manchmal mehr erreichen kann als ein Politiker.

3. Was glaubst du: Wie hat Nkosi wohl den Umgang mit Aids in Südafrika verändert?

4. Suche dir einen Partner. Stellt euch vor, ihr solltet für eine Zeitung einen Nachruf auf Nkosi Johnson verfassen. Sammelt Zeitungen und seht euch solche Nachrufe an. Schreibt dann euren Text und präsentiert ihn der Klasse.

5. Hierfür musst du gut Englisch können! Sieh dir einen Film über Nkosis Pflegemutter unter folgendem Link an:
www.youtube.com/watch?v=qtsszrbqrQQ&
Erzähle deinen Mitschülern, worum es in dem Film geht.

# Die Kapitäne: Radebe und Ballack (1)

## Lucas Radebe

„Glaube an dich selbst. Wenn du positiv bleibst – selbst wenn nicht alles so läuft, wie du es willst –, wirst du irgendwann verstehen, dass du mit einem bestimmten Sinn lebst und dass deine Zeit kommen wird ... Ich würde mir wünschen, dass mich Menschen später einmal als jemanden erinnern, der versucht hat, anderen in ihrem Leben Mut zu machen." – S. 9

Radebe. Quelle: imago Sportfotodienst GmbH

Lucas Radebe, geb. 1969 im *Township* Soweto bei Johannesburg, spielte in der südafrikanischen Fußballnationalmannschaft, 1998 und 2002 als Kapitän bei den Weltmeisterschaften in Frankreich und Japan/Südkorea. Lucas ist eines von 11 Geschwistern. Mit 15 Jahren wurde er von seinen Eltern wegen anhaltender, apartheidsbedingter Gewalt in Soweto nach Bophuthatswana, ein *Homeland*[1] im nördlichen Südafrika, geschickt. Dort begann er, Fußball zu spielen, um sich zu beschäftigen. Mit 22 Jahren spielte er beim berühmten südafrikanischen „Klub Kaizer Chiefs Johannesburg". 1996 gewann er als südafrikanischer Nationalspieler den Afrika-Cup. Zeitweise spielte er auch bei „Leeds United" in der englischen *Football League One*[2], wo er nach der Saison 2005/06 auch seine Karriere beendete. Radebe wurde im Jahr 2000 mit dem *FIFA*[3] Fair Play Award ausgezeichnet. Als Botschafter der FIFA engagiert er sich für die SOS Kinderdörfer.

– Informationen nach: www.123football.com/players/r/lucas-radebe/index.htm

## Michael Ballack

„Ich bin in einem Alter, in dem ich Einfluss auf die Spieler nehmen muss und will. Du merkst, wer noch einen kleinen Schub braucht und wer weniger. Gerade bei einem solchen Turnier musst du versuchen, alles rauszuholen und auf die Minute konzentriert zu sein."

– Quelle: www.11freunde.de/international/112105/anfuehrer_sein_ist_nicht_schlimm

Ballack. Foto: John Dobson. Quelle: commons.Wikimedia.org

# Die Kapitäne: Radebe und Ballack (2)

Michael Ballack, geb. 1976 in Görlitz in Ostdeutschland, ist seit Mai 2004 Kapitän in der deutschen Fußballnationalmannschaft, mit der er bei der Fußball-WM 2006 in Deutschland und der EM 2008 in der Schweiz/Österreich antrat. Er wuchs als Einzelkind in einer Plattenbausiedlung im heutigen Chemnitz (damals Karl-Marx-Stadt) auf und begann seine Fußballkarriere als Siebenjähriger bei der „BSG Motor Fritz Heckert Karl-Marx-Stadt" (heute „VfB Fortuna Chemnitz"). Mit zwanzig zog er von Zuhause aus. Im Jahr 1999 wechselte Ballack nach mehreren Stationen zum Verein „Bayer 04 Leverkusen", bei dem er seinen sportlichen Durchbruch schaffte. In den folgenden Jahren spielte Ballack beim „FC Bayern München", 2006 ging er zum „FC Chelsea" in der englischen *Premier League*[4]. Seit 2002 spielt Ballack, der vorher bereits als Ergänzungsspieler eingesetzt wurde, auch als wichtiger Spieler in der deutschen Fußballnationalmannschaft. Ballack wurde neben anderen Auszeichnungen mehrfach zum Fußballer des Jahres gewählt.

Seit 2006 ist Michael Ballack Sonderbotschafter von UNAIDS, einer Initiative der Vereinten Nationen, die die Bestrebungen der einzelnen Länder gegen Aids vereinen und koordinieren möchte.

– Informationen nach: www.whoswho.de/templ/te_bio.php?PID=1667&RID=1

1. Vergleiche die Biografien von Radebe und Ballack, und arbeite in deinem Heft stichpunktartig Gemeinsamkeiten und Unterschiede in ihrem Werdegang heraus.

2. Sieh dir die Zitate genau an. Gib in eigenen Worten wieder, was Lucas Radebe wichtig ist, und was Michael Ballack.

3. Stelle Vermutungen an: Inwiefern könnte das Zitat von Lucas Radebe mit dem Inhalt des Romans „Themba" in Zusammenhang stehen?

---

[1] Homelands waren Gebiete, die innerhalb von Südafrika abgegrenzt wurden und in denen die Schwarzen leben mussten.

[2] der dritthöchsten englischen Spielklasse

[3] der Weltfußballverband

[4] der höchsten Spielklasse im englischen Fußball

## Kapitel [1]
ZUM|Roman

# Themba als Junge und junger Mann

Das erste Kapitel führt uns mitten hinein ins Leben des afrikanischen Jungen Themba. Hier erzählt er, was zum gegenwärtigen Zeitpunkt geschieht, berichtet aber auch von seiner Kindheit. Im weiteren Verlauf des Romans erfährt der Leser immer mehr über Thembas Leben. Um seinen Charakter besser verstehen zu können, ist es wichtig, sich bereits im ersten Kapitel die Frage zu stellen, was in Thembas Vergangenheit und in seiner Gegenwart alles passiert – und was ihn prägt.

1. Schreibe in den Kasten „Vergangenheit" alle Informationen, die du über Themba als Kind erhältst. Versuche dabei, nach Oberbegriffen zu ordnen (z.B. Wohnort, Familie, Sprache).

2. Auch Thembas Gegenwart wird beschrieben. Suche auch hier alle Informationen heraus, und sortiere sie nach Oberbegriffen (z.B. Sport, wichtige Personen, Fragen).

3. Die Vergangenheit und die Gegenwart eines Menschen beeinflussen seine Zukunft. Wie könnte es für Themba weitergehen? Stelle Vermutungen an, und schreibe sie, wiederum sortiert nach Oberbegriffen, in den Kasten „Zukunft". Wenn du den Roman zu Ende gelesen hast, nimm dir die fertige Übersicht noch einmal vor, und vergleiche deine Vermutungen mit dem Ende des Romans. Was müsstest du ändern?

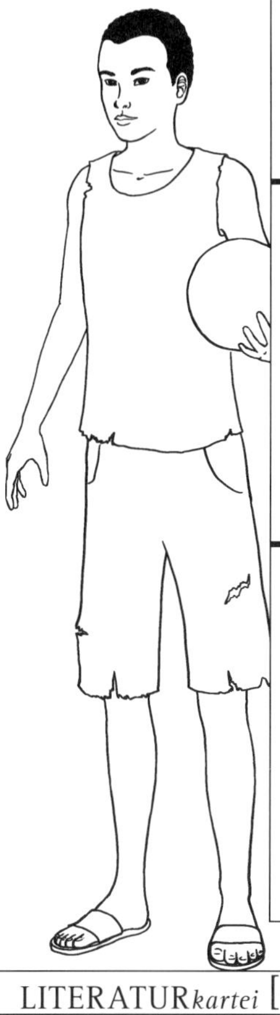

**Vergangenheit**

**Gegenwart**

**Zukunft**

# Themba stellt sich vor

Im ersten Kapitel stellt Andile Themba drei Fragen. Diese lösen in Themba eine Flut von Gedanken und Erinnerungen aus. So erfährt der Leser in den ersten beiden Kapiteln einiges über den fußballspielenden Jungen, der zum gefeierten Star wird.

- *„Ich frage dich, weil ich wissen will, wer du bist ..."* – S. 15
- *„Ich frage dich, was dir wichtig ist im Leben."* – S. 15
- *„Ich frage dich, wen du wirklich liebst."* – S. 15

Themba interpretiert die Fragen für sich:
*„Mit seinen Fragen nach den Vorfahren und der Liebe hatte er bis in meine tiefste Seele gezielt: Wo komme ich her? Wie lange wird Mutter noch bei uns sein? Und was bedeutet Nomtha wirklich für mich?"* – S. 18

Um sich über eine ehrliche Antwort klarwerden zu können, lässt Themba die letzten fünf Jahre Revue passieren.

1. Was bedeutet es Themba, dass Andile diese Fragen stellt?

2. Beantworte die drei Fragen anhand der Informationen, die du in den ersten beiden Kapiteln erhältst, ausführlich in deinem Heft.

3. Auf S. 16 antwortet Andile auf Thembas Rückfrage hin, was er über seine eigenen Vorfahren wisse, mit einem Traum. Wie würdest du diesen Traum deuten?

4. Beantworte Andiles Fragen nun für dich selbst:
   - Wer bist du?
   - Was ist dir wichtig im Leben?
   - Und wen liebst du?

   Schreibe deine Antworten in dein Heft.
   Du kannst selbst entscheiden, ob du sie der Klasse vortragen möchtest oder nicht.

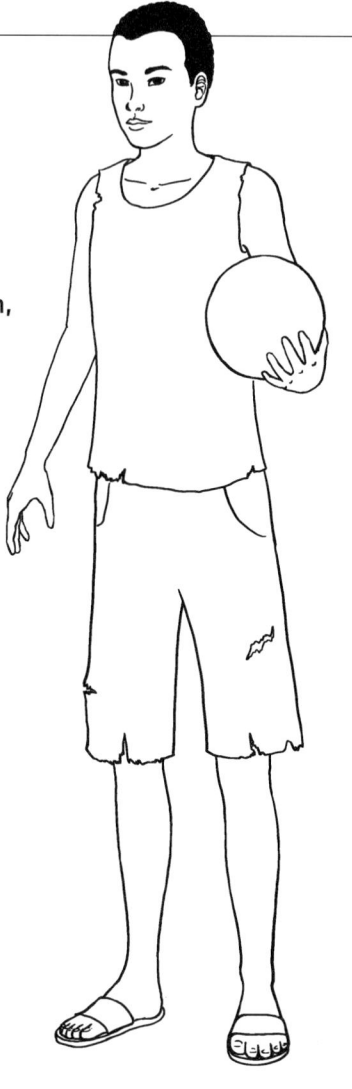

Kapitel [2]

ZUM|Roman

# Themba erinnert sich

Nachdem das erste Kapitel in der Gegenwart spielt, handeln die folgenden Kapitel von der Vergangenheit. Sehr weit geht Themba in seinen Erinnerungen allerdings nicht zurück. Er beginnt die Erzählung im Alter von ungefähr zwölf Jahren.

1. Schreibe nach den vorgegebenen Oberbegriffen in die unten stehenden Kästchen stichwortartig wichtige Gedanken und Erlebnisse, von denen Themba im zweiten Kapitel erzählt. Was erfährst du über die einzelnen Themen?

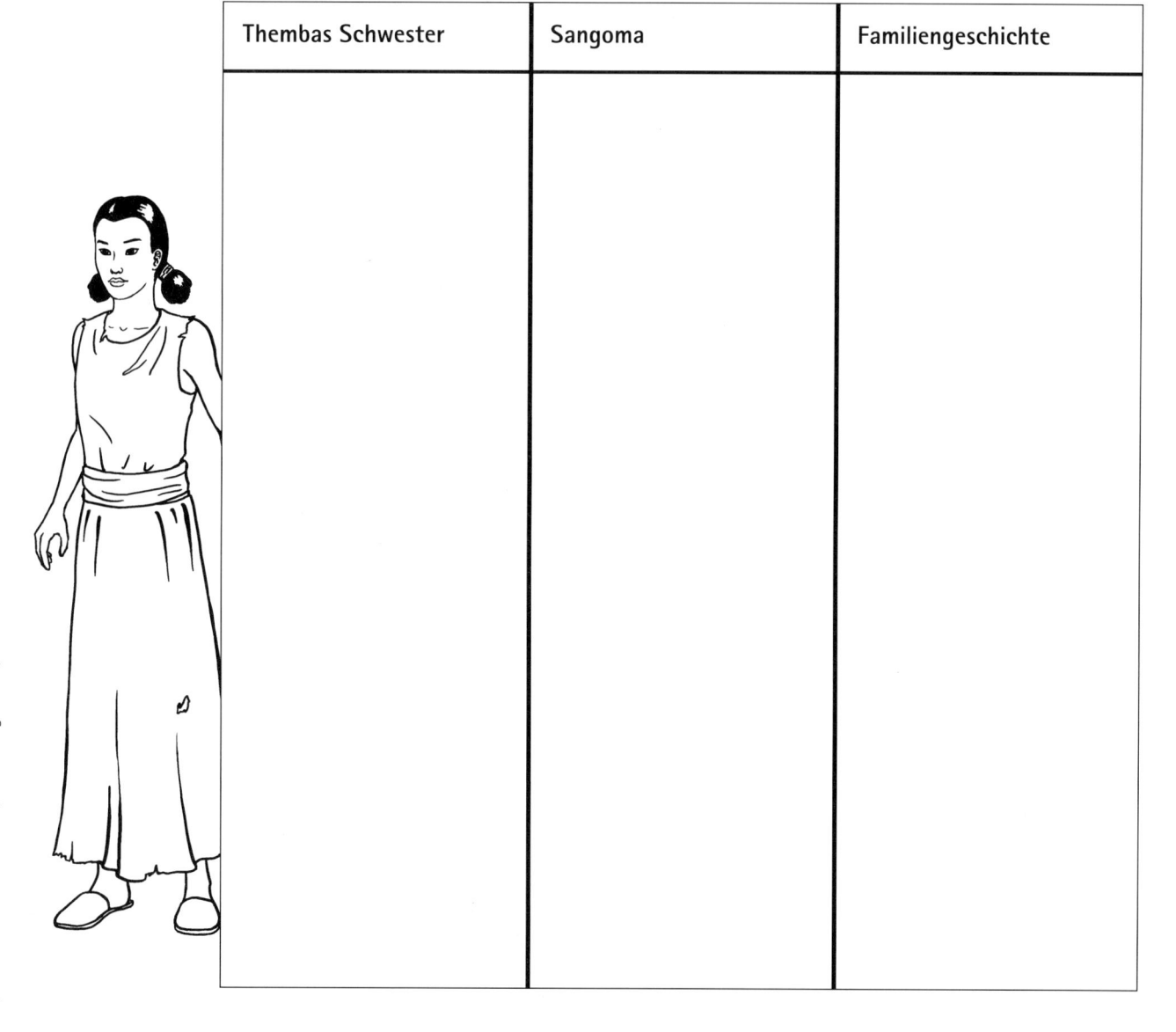

| Thembas Schwester | Sangoma | Familiengeschichte |
|---|---|---|
|  |  |  |

2. Themba erzählt die Geschichte aus seiner Sicht. Wir erfahren also nur, was er gedacht und gefühlt hat. Von den anderen Personen, die im zweiten Kapitel vorkommen, erfahren wir nur durch ihn. Themba ist somit eine Art Filter, der nur das durchlässt, was für ihn wichtig ist. Schlüpfe in die Rolle von Nomtha oder der Mutter. Wie könnten sie die Geschehnisse dieses Kapitels erlebt haben? Schreibe ihre Sichtweise in dein Heft.

LITERATURkartei [+] „Themba"

# Kapitel [1–2]

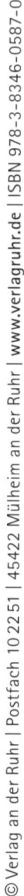

## Nomtha und Themba

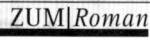

ZUM|Roman

1. Lies dir die ersten beiden Kapitel noch einmal genau durch. Was erfährst du über Nomtha? Mache dir stichpunktartig Notizen.
   - Was für ein Mensch ist sie?
   - Was beschäftigt sie?
   - Welche Menschen spielen in ihrem Leben eine Rolle?

2. Stelle dir nun vor, Nomtha hat über eine Zeitungsanzeige eine Brieffreundin gefunden und schreibt ihr. In ihrem Brief stellt sie sich vor und erzählt ein wenig aus ihrem Alltag. Verfasse ihren Brief in deinem Heft.

3. Fülle anhand der Informationen aus den ersten beiden Kapiteln die unten stehende Tabelle aus. In die linke Spalte schreibst du, was Themba und Nomtha verbindet. In die rechte Spalte schreibst du, worin sie sich unterscheiden. Das können jeweils Gefühle, Eindrücke und Erfahrungen oder Charaktereigenschaften sein.

4. Thembas Fußballfreund Andile geht davon aus, dass Themba und Nomtha ein Paar sind und miteinander schlafen. Was empfindet Themba deiner Meinung nach wirklich für Nomtha? Wie schätzt du seine Gefühle ein?

5. Hast du Geschwister? Beschreibe, was sie dir bedeuten. Beschreibe auch, was euch trennt und was euch verbindet. Wenn du keine Geschwister hast, überlege dir, ob du gerne welche hättest und was du dir von einer Geschwisterbeziehung wünschen würdest.

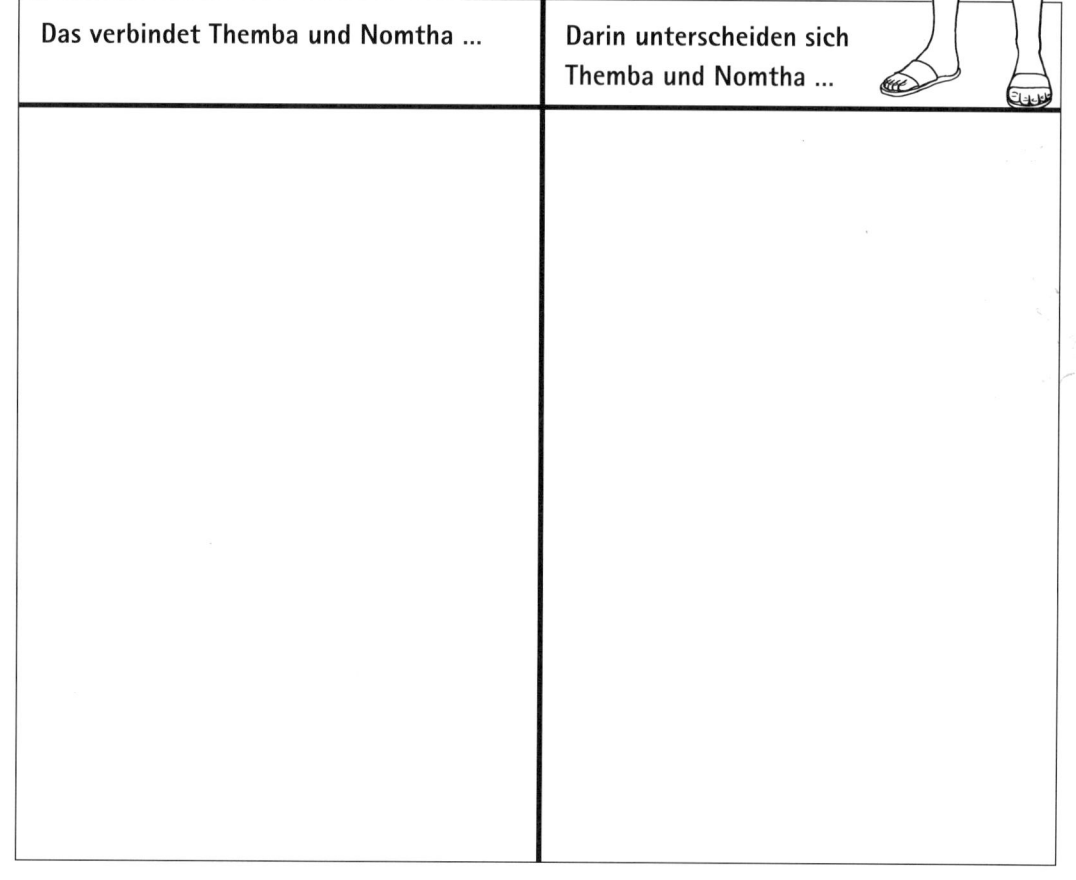

| Das verbindet Themba und Nomtha ... | Darin unterscheiden sich Themba und Nomtha ... |
|---|---|
|  |  |

LITERATURkartei [+] „Themba"

Kapitel [3-6]
ZUM|Roman

# Eine südafrikanische Familie (1)

Das Leben von Thembas Eltern während der Rassentrennung (Apartheid) in Südafrika war sehr hart. Darum kämpfte Thembas Vater gegen die Ungerechtigkeiten der Trennungsgesetze an.

Infolge der Rassentrennung hatten sich die Weißen einen Großteil des Landes einverleibt und den Schwarzen so genannte *Homelands* zugewiesen. Davon gab es insgesamt 10. Sie machten ca. 13 % der Staatsfläche aus. Die *Homelands* waren meistens völlig zersplittert und wirtschaftlich kaum ertragreich. Auf dieser Fläche lebten 1985 etwa zwei Drittel der schwarzen Bevölkerung. Übrigens bestimmten in Südafrika ca. 5 Millionen Weiße über ca. 40 Millionen Nichtweiße!

Nach dem endgültigen Ende der Rassentrennung 1994 begann dann die Landflucht: Immer mehr Menschen zogen (so wie Thembas Mutter) in die Städte. Sie wollten fort aus dem Elend der *Homelands* in der Hoffnung, in den Städten Arbeit zu finden. Diese Landflucht hält bis heute an und bringt einen teilweise unkontrollierbaren Wachstum der Städte bzw. der Slums mit sich. Die Bewohner dieser „Vorstädte", der *Townships*, sehen ihre Wohnung oftmals als Provisorium an, denn ihr Ziel ist ein sicheres Leben in Wohlstand.

Die Karte verdeutlicht die Verteilung des Staatsgebiets (die *Homelands* sind dunkel gefärbt).

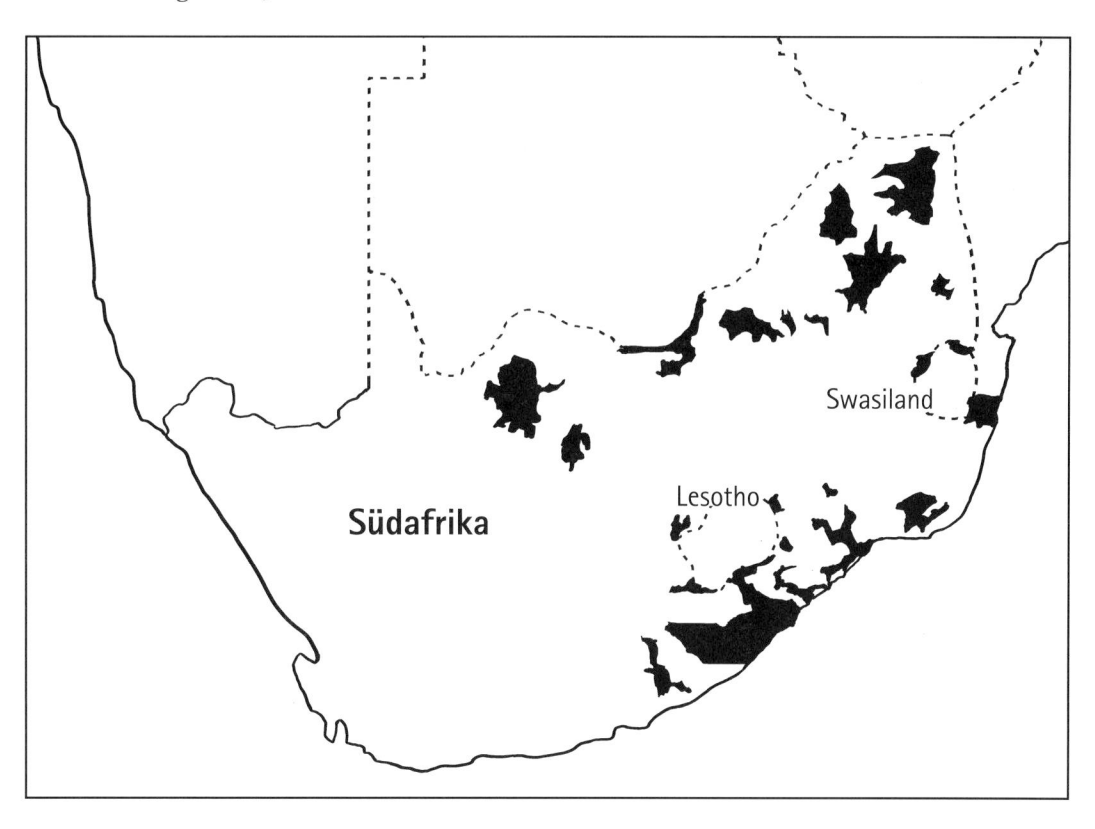

LITERATUR*kartei* [+] „Themba"

# Eine südafrikanische Familie (2)

## Das Leben der Frauen in den Homelands

Sie wacht jeden Morgen auf
Von dem Bohrgeräusch der Holzkäfer
Oder aufgeschreckt von falschem Alarm.

Die Asche im Herd ist kalt
Und erinnert sie
An die tagtägliche Speisekarte:
Ein Abendessen, das niemand satt macht.

Fremder, weißt Du eigentlich noch,
wie ein hungriger Magen knurrt?
Sie wäscht ihr Gesicht
Mit ein paar Tropfen Spucke.

Kannst Du Dir vorstellen, Fremder,
wie ein Körper brennen kann,
wenn es kein Wasser gibt zum Waschen?

Lindiwe Mabuza
— **Quelle:** www.dadalos-d.org

---

1. Fasse in zwei Sätzen zusammen, was du aus der Karte über die Homelands lernen kannst.

2. Versuche, deine Eindrücke in einem Bild zu verdeutlichen.

3. Welche Parallelen entdeckst du, wenn du das Gedicht mit dem Leben von Thembas Familie vergleichst?

4. Welche Vor- und Nachteile hat die Landflucht? Diskutiert in der Klasse.

5. Recherchiere zum Thema „Landflucht in Deutschland", zum Beispiel in einem Lexikon oder hier:
www.spiegel.de/politik/deutschland/0,1518,404888,00.html
Berichte deinen Mitschülern in einem kurzen Vortrag, was du herausgefunden hast! Welche Gründe und Auswirkungen hat das Phänomen?

Kapitel [3]

# Der Weg in die Rassentrennung

Seit dem Ende des 15. Jahrhunderts war die südafrikanische Küste eine wichtige Haltestelle für Europäer auf dem Weg nach Indien. 1652 erbauten die Holländer eine Station am Kap, um den holländischen Schiffen einen sicheren Hafen- und Versorgungsplatz zu bieten. Die in Südafrika lebenden und meist von Holländern abstammenden Weißen nannten sich später *Buren*. Sie betrieben vor allem Viehzucht.

Das Kap diente bald immer mehr Weißen (und auch Nichtweißen, z.B. politisch Verbannten aus Indonesien) als Anlaufstelle. Es entwickelte sich ein buntes Völkergemisch. Durch die Besiedelung und den wachsenden Sklavenhandel gab es zunehmend Konflikte mit der einheimischen schwarzen Bevölkerung. Da die Weißen jedoch besser bewaffnet waren, konnten sie die Schwarzen mehr und mehr unterdrücken.

1795 übernahmen die Engländer die Macht und stellten Weiße und Schwarze 1828 rechtlich gleich. 1833 wurde die Sklaverei komplett abgeschafft. Die Buren wehrten sich dagegen und gründeten mehrere Freistaaten, von denen der Staat *Transvaal* 1856 in *Südafrikanische Republik* umbenannt wurde. Dort galten die alten Rassengesetze. Die Republik wuchs rasch heran, was auch an Goldfunden lag. 1899 kam es wegen dieser Rohstoffe zum Krieg zwischen Buren und Engländern (*Burenkrieg*). 1902 ergaben sich die Buren, und die Engländer vereinigten alle Gebiete Südafrikas unter ihrer Herrschaft. 1910 wurde die *Südafrikanische Union* gegründet. Da an ihrer Verfassung auch Buren mitgeschrieben hatten, wurden viele der alten Rassengesetze endgültig für die südafrikanischen Gebiete festgeschrieben. Beispielsweise hatten „Nichtweiße" kein generelles Wahlrecht mehr. 1913 verabschiedete man das *Eingeborenen-Landgesetz*, das Schwarzen und Farbigen nur noch in ausgewiesenen Gebieten, den *Homelands*, den Landkauf erlaubte. Nach dem Ersten Weltkrieg gab es auch in den städtischen Regionen Wohngebiete für „Nichtweiße" – die *Townships*. 1948 gewann die burische Partei *National Party* die Wahl. Sie institutionalisierte die Rassentrennung und trieb sie immer weiter voran. In den Gesetzestexten ist nun von *Apartheid* die Rede.

– Informationen nach: www.wdr.de/wissen/frameset.php?q=&zurueckzu=/wissen/wdr_wissen/themen/laender_voelker/afrika/index.php5?&linkID[]=96606

1. Erstelle einen Zeitstrahl, und trage die wichtigsten Ereignisse ein.

2. Ein Rollenspiel: 1909 erarbeiteten die Buren und Engländer die Verfassung. Stellt euch vor, die Einheimischen dürften mitplanen. Bildet drei Gruppen: die Engländer, die Buren und die Einheimischen. Zunächst arbeiten die Gruppen für sich: Welche Interessen „eurer" Partei könnt ihr dem Text entnehmen? Welche Interessen könnten die Gruppen darüber hinaus vertreten? Überlegt euch, was euch an der Verfassung wichtig ist und wie ihr argumentieren könnt.
Inszeniert dann in der Klasse das Treffen der drei Parteien und das Erstellen der neuen Verfassung. Wer würde sich wohl durchsetzen? Wer hatte den meisten Einfluss? Ein „Protokollführer" schreibt eure Ergebnisse nieder.

3. Bewertet anschließend gemeinsam die Interessen der einzelnen Parteien und ihr Vorgehen.

# Das Ende der Rassentrennung

Die *Apartheid* (Politik der Rassentrennung) beherrschte Südafrika bis zum Ende des 20. Jahrhunderts. In diesen Zeiten geschah viel Unrecht im Land. Daher wurde Südafrika von anderen Nationen wirtschaftlich und politisch isoliert. Es wurden beispielsweise keine Bananen oder Ananas mehr aus Südafrika gekauft. Bei internationalen Wettkämpfen durften südafrikanische Sportler nicht mitmachen.

Deshalb – und auch weil immer mehr Südafrikaner, Weiße wie Schwarze, ein Ende der Apartheid forderten – begann der damalige südafrikanische Präsident F. Willem de Klerk 1990 mit einer neuen Politik. Dieses Jahr ist auch das Geburtsjahr Thembas im Roman.

Die schwarzen Südafrikaner waren in zwei Gruppierungen organisiert: dem *African National Congress* (ANC), dem auch Nelson Mandela angehörte, und der *Inkatha Freedom Party (IFP)*. Die Xhosa, zu denen im Roman Themba und seine Familie gehören, schlossen sich meist dem ANC an. 1992 ließ Präsident de Klerk die weiße Bevölkerung darüber abstimmen, ob man eine Gleichberechtigung mit den Schwarzen wolle. 70% stimmten dafür. Nelson Mandela und de Klerk setzten sich gemeinsam für einen friedvollen Übergang von der Rassentrennung zur Gleichbehandlung ein. 1994 gab es dann die ersten freien Wahlen. Da 76% der Bevölkerung Schwarze sind, war ein politischer Wechsel vorprogrammiert. Der ANC gewann die Wahl, und Nelson Mandela wurde der erste schwarze Präsident Südafrikas. Viele Menschen hatten im Vorfeld Angst, dass es zu Unruhen und Gewalttaten kommen würde. Aber die ruhige und versöhnende Art Mandelas führte zu einer stabilen Demokratie mit einer funktionierenden Justiz. 1997 bekam das Land eine neue Verfassung, und 1999 löste Thabo Mbeki Mandela als Präsident ab. Mehr als 15 Jahre nach dem Ende der Rassentrennung gibt es jedoch noch immer Probleme: Die Arbeitslosigkeit unter der schwarzen Bevölkerung ist sehr hoch, ebenso die Aids- und Kriminalitätsrate. Außerdem gehört der größte Teil des Landes den weißen Farmern. Trotzdem gelingt es immer mehr Schwarzen, sich wirtschaftlich zu verbessern und politischen Einfluss auszuüben.

---

Ein Rollenspiel: Stellt euch vor, es ist das Jahr 1994, kurz nach der Wahl. Ihr seid in einer politischen Talkshow. Ihr braucht einen Moderator, einen Schwarzen, einen Weißen, der die Veränderungen begrüßt, und einen weiteren Weißen, der die Entwicklungen für verwerflich hält. Der Rest der Klasse ist das Publikum und darf sich nach Handzeichen ebenfalls zu Wort melden.
Das Thema eurer Talkshow lautet: „Jetzt sind die Schwarzen an der Macht!"

- Welche Gefühle und Hoffnungen hat der Schwarze?
- Was denken die beiden Weißen? Welche Hoffnungen, Gefühle, Ängste haben sie wohl?

Bereitet euch gut auf eure Rollen vor. Die Klasse erarbeitet in der Zwischenzeit Beobachtungskriterien für das Kommunikationsverhalten.
Sammelt Argumente für eure Positionen, und tragt die Diskussion vor eurem Publikum aus.

## Mandela – verurteilt, befreit, verehrt (1)

Rolihlahla Mandela wurde am 18. Juli 1918 als Sohn eines stellvertretenden Führers im Dorf Mveso in der Nähe von Umtata in der *Transkei* (einem ehemaligen Homeland im Osten Südafrikas), ganz in der Nähe von Thembas Dorf, geboren. Der Name Rolihlahla ist, wie der Name „Themba" auch, *Xhosa*, stammt also aus der Sprache von Thembas Volk. Er bedeutet so viel wie „Unruhestifter". Nicht etwa deshalb, sondern weil die Aussprache des Namens ihr schwerfiel, gab eine Lehrerin Mandela am ersten Schultag zusätzlich den englischen Namen Nelson. Mandela hatte eine sehr glückliche Kindheit in der Transkei, er spielte die meiste Zeit im Freien auf dem Feld und kämpfte mit anderen Jungen. Wie seine Altersgenossen, musste er schon mit fünf Jahren Hirtenjunge werden und Schafe und Kälber hüten.

Nach einer winzigen Grundschule in Qunu besuchte Mandela später ein College und schließlich ein Internat. Seinem Schulabschluss folgte mit 21 Jahren ein Anwaltsstudium an der Universität von Fort Hare. Wenig später wurde Mandela nach einem Protestmarsch aber von der Universität verwiesen. Mandela ging nach Johannesburg, wo er sich mit Gelegenheitsarbeiten über Wasser hielt. Erst durch die Bekanntschaft mit Walter Sisulu, der ihm einen Studienplatz an der Universität in Johannesburg verschaffte, nahm sein Leben eine neue Wendung.

Anfang der 40er-Jahre gründete er zusammen mit Sisulu und anderen den Jugendverband des ANC *(African National Congress)*, einer Partei, die die Interessen der schwarzen Südafrikaner vertrat. Bei der Wahl 1948 hatte allerdings die weiße National Party die Wahlen gewonnen. Schwarze Südafrikaner durften bei dieser Wahl nicht wählen. Die siegreiche NP *(National Party)* setzte die so genannte Apartheid-Politik um, die eine tiefgreifende, teils brutale Trennung von schwarzen und weißen Südafrikanern bedeutete (siehe „Der Weg in die Rassentrennung", S. 21). Mit dieser Trennung waren, wie Mandela, viele schwarze Südafrikaner unzufrieden. Mandela, der ursprünglich ein Anhänger des gewaltlosen Widerstandes war, begann seit dem brutalen Vorgehen der Apartheid-Regierung gegen friedliche und unbewaffnete schwarze Demonstranten in Sharpeville 1960 (69 Schwarze kamen dabei ums Leben), auch über gewaltsame Formen des Kampfes gegen das Apartheid-Regime nachzudenken. Er wurde 1961 Anführer des bewaffneten Flügels des ANC, des *Umkhonto We Sizwe* („Speer der Nation"). Nach seiner Verhaftung 1962 wurde er zu fünf Jahren Gefängnis verurteilt, später zu lebenslanger Haft wegen Planung bewaffneten Kampfes. Auf der Gefängnisinsel Robben Island kann man noch heute die Zelle besichtigen, in der er 20 Jahre seines Lebens verbringen musste. Freigelassen wurde er erst am 11. Februar 1990, weil der Druck aus dem Ausland auf die weiße südafrikanische Regierung zu groß geworden war. Im Stadion des *South Western Township* (kurz: Soweto) rief Mandela vor mehr als 120 000 Zuhörern noch am Tage seiner Freilassung zur Versöhnung („reconciliation") auf und forderte ein demokratisches und geeintes Südafrika mit freien, gleichen Wahlen. 1993 erhielt er gemeinsam mit dem südafrikanischen Staatspräsidenten Frederik Willem de Klerk den Friedensnobelpreis.

Die ersten wirklich demokratischen Wahlen fanden in Südafrika dann 1994 statt, erstmals durften auch schwarze Wähler über die Regierungspartei abstimmen. Der ANC gewann diese Wahlen haushoch, und Nelson Mandela wurde (bis 1999) der erste schwar-

# Kapitel [3]

# Mandela – verurteilt, befreit, verehrt (2)

ze Präsident Südafrikas. Auch als Präsident trat er weiterhin für eine Versöhnung zwischen allen Südafrikanern ein, indem er etwa eine Wahrheits- und Versöhnungskommission einsetzte. Diese Kommission unter dem Vorsitz des Kapstädter Erzbischofs Desmond Tutu sollte Opfer und Täter in einen Dialog bringen, um somit eine Grundlage für die Versöhnung der zerstrittenen Bevölkerungsgruppen in Südafrika zu schaffen.

Nach seiner Amtszeit als Präsident arbeitete Mandela für Menschenrechtsorganisationen und widmete sich sozialer Arbeit. Nelson Mandela gilt, neben Martin Luther King, Malcolm X und Barack Obama, als wichtigster Vertreter im Kampf gegen die weltweite Unterdrückung der Schwarzen und als wichtigster Wegbereiter eines versöhnlichen Übergangs von der Apartheid zu einem demokratischen, freien Südafrika.

1. Fasse die wichtigsten Stationen in Nelson Mandelas Leben in deinem Heft stichpunktartig zusammen. Beantworte außerdem die Frage, welche Bedeutung er für Südafrika hat.

2. Der schwarze amerikanische Schauspieler Morgan Freeman sagte im Jahr 2008 über Mandela: „Jetzt ist er schon 90, mein Gott. Und der Größte. Er ist einfach der Größte." Kannst du seine Meinung teilen? Begründe.

3. Versetze dich nun in Themba als jungen, schwarzen Südafrikaner. Wenn er die Möglichkeit hätte, Nelson Mandela einen Brief zu schreiben, was würde er ihm wohl sagen wollen? Welche Bedeutung hat Mandelas politisches Engagement für Themba im heutigen Südafrika? Verfasse seinen Brief.

4. Lies das unten stehende Zitat. Es stammt aus einer Rede, die Mandela 1993 hielt, als man ihm den Friedensnobelpreis verlieh. Versuche, in eigenen Worten wiederzugeben, was er den Menschen in seinem Land sagen will!

„Als ich das Gefängnis verließ, war es meine Aufgabe, beide, den Unterdrücker und den Unterdrückten, zu befreien. Manche sagen, das sei nun erreicht. Doch ich weiß, dies ist nicht so. Die Wahrheit ist, wir sind nicht frei; wir haben erst die Freiheit erreicht, frei zu sein, das Recht, nicht unterdrückt zu werden. Wir haben nicht den letzten Schritt unserer Wanderung getan, sondern den ersten Schritt auf einem längeren, noch schwierigeren Weg. Denn um frei zu sein, genügt es nicht, nur einfach die Ketten abzuwerfen, sondern man muss so leben, dass man die Freiheit des anderen respektiert und fördert. Die wahre Prüfung für unsere Hingabe an die Freiheit hat gerade erst begonnen."

– **Quelle:** Nelson Mandela, „Der lange Weg zur Freiheit" – Autobiografie, S. Fischer Verlag 1994. S. 836

# Sangoma: Zauberer? Ärzte? Scharlatane?

Mama Zanele, die Onkel Luthando im vierten Kapitel untersucht, ist eine *Sangoma*. Man kann das übersetzen mit „Medizinmann" oder „Heiler". Sowohl Männer als auch Frauen können Sangoma sein. In Südafrika wird ihnen vom Volk großes Vertrauen entgegengebracht.

Für Sangoma gelten Erkältungen oder auch Bauschmerzen als einfache Krankheiten, die sie mit Hilfe von ausgesuchten Pflanzen, seltener auch mit Medizin aus tierischen Zutaten behandeln. Ernsthaftere Krankheiten jedoch haben nach der Vorstellung der Sangoma ihre Ursachen in Hexerei oder in einer Verärgerung der Ahnen. Um solche Fälle zu heilen, muss Kontakt zu den Ahnen hergestellt werden – für diesen Kontakt sind die Sangoma zuständig. Das Befragen der Geister sowie das Hellsehen gehören nach der Überzeugung vieler Südafrikaner zu den Fähigkeiten der Sangoma. Zaubersprüche werden dabei aber nicht verwendet. In den ländlichen Gebieten sind die Sangoma auch für den Schutz der Menschen, der Tiere und des Dorfes zuständig. Im Roman „Themba" gibt Mama Zanele Sipho beispielsweise Knochen, die ihn beschützen sollen.

Im Durchschnitt gehen über 80% der Südafrikaner bis zu dreimal jährlich zum Sangoma, auch wenn sie gleichzeitig oft auch „normale" Mediziner aufsuchen. Bei den Sangoma wird man nach einem ganzheitlichen Ansatz behandelt: Der Kranke wird nicht nur auf seine Krankheit und ihre Symptome reduziert, sondern auch seine Umgebung, seine Vergangenheit, seine Taten spielen eine Rolle, ebenso wie seine Verbindung zu den Geistern.

Südafrikanische Mediziner stehen den Sangomas bisweilen skeptisch gegenüber. Durch die 2004 erfolgte Gleichstellung von Medizinern und (ausgebildeten) Sangomas erfolgt aber ein ernst zu nehmender Austausch, der Gewinn bringend für beide Seiten sein kann.

1. Fertige in deinem Heft eine Tabelle an. In die linke Spalte schreibst du die Aufgaben eines Sangoma (z.B.: „einfache Krankheiten heilen"). In die rechte Spalte schreibst du, wer in Deutschland für diese Aufgabe zuständig wäre (z.B.: „Hausarzt/Allgemeinmediziner").

2. Was rät Mama Zanele dem Onkel? Wie schätzt du ihren Ratschlag ein?

3. Wie sieht es mit dir aus? Würdest du zu einem Sangoma gehen? Begründe deine Antwort. Wenn nicht: Glaubst du, als junger Südafrikaner würdest du es tun? Warum bzw. warum nicht?

4. Mama Zanele gibt Sipho Knochen mit, die ihn beschützen sollen. Glücksbringer haben für uns eine ähnliche Funktion. Befrage deine Mitschüler und Eltern, ob sie schon einmal einen Glücksbringer hatten oder noch haben. Frage sie auch, ob er seine Funktion schon einmal erfüllt hat. Erzähle deinen Mitschülern, was du gehört hast.

5. Glaubst du an Glücksbringer? Begründe deine Antwort.

Kapitel [4]
ZUM|Roman

# Aids-Vorbeugung mit den Sangoma

Der deutsche Autohersteller BMW unterhält ein Produktionswerk in Rosslyn bei Pretoria in Südafrika. Hier stellte die Krankheit Aids das Unternehmen vor große wirtschaftliche Herausforderungen, weil immer wieder Facharbeiter erkrankten und ausfielen. Daher wurde ein Gesundheitsprogramm unter der Leitung der Ärztin Natalie Mayet ins Leben gerufen. Mit ihren Mitarbeitern hat es die Ärztin geschafft, fast alle der 3 000 Arbeiter über Aids aufzuklären und zu testen, ob sie infiziert sind oder nicht. Ist jemand betroffen, wird er nicht sozial ausgegrenzt, wie es im Roman „Themba" beschrieben wird. Niemand verliert dadurch seine Arbeit oder seine Wohnung. Durch die Aufklärungsarbeit hat es BMW geschafft, die Ansteckungsrate der Belegschaft auf 6% zu vermindern. Im Vergleich dazu liegt die Ansteckungsrate im Rest von Südafrika bei bis zu 20%.

Die Aufklärungsarbeit findet nicht nur im BMW-Werk selbst statt, es gibt mittlerweile auch ein kleines Krankenhaus und eine Schule. Aber dennoch ist Mayet die Ansteckungsrate zu hoch. Daher trifft sie sich mit den *Sangoma*. Statt sich als Konkurrenten zu betrachten, kooperieren sie. Im Rahmen dieser Zusammenarbeit raten die Sangoma den Erkrankten, ein traditionelles Mittel nicht statt der Medikamente, sondern zusätzlich zu nehmen – und genauso halten es Krankenstationen, die Mayet leitet, umgekehrt auch. Dabei ist das Ziel gegenseitiger Respekt. Wer Aids hat, dem hilft eine traditionelle Medizin wie Knoblauch zwar nicht, aber es schadet eben auch nicht. Wenn die Ärztin und die Sangoma zusammen auf ihre Art Aids bekämpfen, erreichen sie damit mehr Menschen.

In ihrem Land gebe es eine Kultur des Leugnens, sagt Mayet und meint damit, dass die Menschen sich nicht eingestehen wollen, dass sie Aids haben und damit sich und andere gefährden können. Dieser Kultur möchte sie entgegenwirken.

— Informationen nach: www.tagesspiegel.de/zeitung/Die-Dritte-Seite-Aids-Suedafrika;art705,2442528 und
www.aerztezeitung.de/panorama/?sid=473461

1. Warum engagiert sich BMW gegen die Krankheit Aids in Südafrika? Sammelt in der Klasse Gründe.

2. Erläutere, was BMW tut, um die Aidsrate zu verringern und die Krankheit zu lindern.

3. Sucht euch einen Partner. Stellt euch vor, die Ärztin Mayet besucht das erste Mal eine traditionelle Sangoma, um für eine Zusammenarbeit zu werben.
Wie könnte die Ärztin argumentieren? Was würde die Sangoma wohl erwidern? Bereitet das Gespräch vor, und spielt es der Klasse vor.

4. Dafür musst du gut Englisch können: www.lovelife.org.za ist der lokale Partner in Südafrika von BMW. Versuche herauszufinden, was Lovelife erreichen möchte und dafür tut. Erstelle dann eine Kurzpräsentation, z.B. in Form einer Wandzeitung, in der du die Arbeit von Lovelife deiner Klasse vorstellst.

5. Wenn du unter Google „BMW Aids Sangoma" eingibst, erhältst du eine Fülle von Artikeln. Entwirf einen Flyer mit Informationen für Unternehmen, die in Südafrika aktiv werden wollen. Wie können sie in ihrem Unternehmen gegen Aids kämpfen? Informiere sie und gib Tipps.

LITERATURkartei [+] „Themba"

Kapitel [4]

ZUM|Roman

# Kriminalität in Südafrika

Im vierten Kapitel wird Luthando schwer verletzt und überlebt nur dank der Hilfe von Mama Zanele, Thembas Mutter und Mrs. Steyn. Luthando ist in kriminelle Geschäfte verwickelt, und seine Stichwunden sind Folge einer Auseinandersetzung mit einem Drogendealer.

Nicht nur im Roman sind Kriminalität und Gewalt in Südafrika sehr präsent. Unter den Ländern, die eine Polizeistatistik führen, hat es die höchste Kriminalitätsrate. Im Schnitt geschehen täglich 50 Morde und 150 Vergewaltigungen. Nach Expertenmeinung ist die Dunkelziffer noch weit höher. Rein statistisch muss jede zweite Südafrikanerin damit rechnen, einmal in ihrem Leben vergewaltigt zu werden. Überfälle, auch auf Touristen, sind an der Tagesordnung. Das erzeugt ein ständiges Gefühl von Angst bei den Bewohnern. Auch wenn der ehemalige Präsident Thabo Mbeki diese Angst leugnete: Er interpretiert die Gewalt in seinem Land als „Wahrnehmungsproblem" und behauptete: „Niemand kann zeigen, dass die überwältigende Mehrheit der 40 bis 50 Millionen Südafrikaner das Gefühl hat, das Verbrechen sei außer Kontrolle; niemand kann das, weil es nicht wahr ist!"

– Informationen nach: www.focus.de/reisen/reisefuehrer/suedliches-afrika/suedafrika_aid_123724.html

1. Erläutere, welche Gründe Mbeki gehabt haben könnte, das Gewaltproblem in Südafrika herunterzuspielen. Denke dabei auch an den Zeitpunkt seiner Aussage (2007)!

2. Um sich genau zu informieren, ob ein Land sicher oder unsicher ist, gibt es die Internetseiten des Auswärtigen Amts, die gute und von Fachleuten geprüfte Tipps für Reisen geben. Lies dir dort die Sicherheitshinweise für Südafrika durch: **www.auswaertiges-amt.de/diplo/de/Laenderinformationen/ Suedafrika/Sicherheitshinweise.html**

3. Stelle dir nun vor, du gewinnst ein Ticket für die WM in Südafrika 2010. Halte einen kurzen Vortrag vor der Klasse: Trittst du deine Reise an? Wenn ja: Begründe. Welche Sicherheitsvorkehrungen wirst du treffen? Wenn nicht: Begründe ebenfalls.

4. Suche dir einen Partner. Stellt euch nun den umgekehrten Fall vor: Ein Südafrikaner will in Deutschland Urlaub machen. Gestaltet einen Flyer mit Sicherheitshinweisen für euren Heimatort oder die nächste größere Stadt. Informationen zur Kriminalität in Deutschland findet ihr zum Beispiel hier: **www.bka.de**; Sicherheitshinweise (auf englisch) beispielsweise hier: **www.iguide.travel/Germany/Safety/** Beachtet besonders den Aspekt „Rechtsradikalismus".

LITERATURkartei [+]  „Themba"

Kapitel [5]

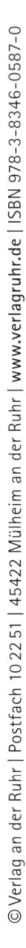

# Wie Spannung erzeugt wird

ZUM|Roman

Bei der Lektüre des Romans hast du sicher schon gemerkt, dass in einem Kapitel meist mehrere Handlungsstränge erzählt werden – auch wenn sie miteinander verwoben sind. Der Ich-Erzähler springt dabei oft von einem Handlungsstrang zum nächsten. Dadurch entsteht beim Leser das Gefühl, dass stets etwas Neues geschieht – das sorgt für Spannung. Als Leser will man wissen, wie es weitergeht und was passieren wird.
Die Handlungsstränge sind dabei sehr unterschiedlich, sodass der Erzähler mal wütend, mal traurig, mal erfreut berichtet. Häufig kontrastiert der Autor die einzelnen Handlungsstränge: So hat Themba zum Beispiel im Fußball Erfolg, leidet jedoch gleichzeitig zu Hause schwer unter seinem Onkel Luthando. Dieser Kontrast erzeugt ebenfalls Spannung, die nur durch Weiterlesen gelöst werden kann.

1. Untersuche das fünfte Kapitel, indem du das folgende Raster ausfüllst.
2. Wende dieses Raster dann auf ein weiteres Kapitel deiner Wahl an. Vielleicht musst du es um eine Spalte erweitern – lasse also genug Platz in deinem Heft.

|   | Zusammenfassung des Handlungsstrangs | Gefühle von Themba | Steht der Handlungsstrang in Kontrast zu anderen Handlungssträngen? Welchen? | Wie könnte der Handlungsstrang weiter verlaufen? |
|---|---|---|---|---|
| Handlungsstrang: **LUTHANDO** |  |  |  |  |
| Handlungsstrang: **SIPHO** |  |  |  |  |
| Handlungsstrang: **ARMUT** |  |  |  |  |
| Handlungsstrang: **FUSSBALL** |  |  |  |  |

LITERATURkartei [+] „Themba"

Kapitel [3–5]
ZUM|Roman

# Thembas „neue" Familie

Die große Ungewissheit für Themba und Nomtha ist der Verbleib des Vaters. Ihre Kindheit ist durch seine Abwesenheit gekennzeichnet. Aber Themba und Nomtha empfinden diese Kindheit keinesfalls als unglücklich – bis Onkel Luthando auftaucht und sich in die Familie drängt ...

1. Zeige auf, wie Luthando es schafft, das Vertrauen der Mutter zu gewinnen. Belege mit Textstellen.

2. „Obwohl ich Mutters Freude verstehen kann, endlich jemanden gefunden zu haben, der unseren Vater kennt, spüre ich tief in mir ein diffuses Unbehagen und gebe ihm nur schweigend die Hand."
   – S. 39
   Was könnte Thembas Unbehagen auslösen?
   Versuche, dich in seine Situation hineinzuversetzen, und suche nach Gründen.

3. Nomtha teilt Thembas Gefühl. Als die Mutter sie fragt: „Seid ihr eifersüchtig? Wollt ihr, dass er geht?"
   – S. 45, antworten sie nicht.
   Suche dir zwei Partner für ein Rollenspiel. Überlegt euch zu dritt, wie das Gespräch ablaufen könnte, wenn Themba und Nomtha ihren Gefühlen Ausdruck verleihen würden. Spielt es der Klasse vor.

4. Gib die Aussage des unten stehenden Zitates mit eigenen Worten wieder. Welche Probleme decken sich mit denen, die im Buch beschrieben werden? Gibt es auch Unterschiede?

„In Deutschland gibt es 7,6 Millionen Ehepaare mit Kindern unter 18 Jahren ... Fast jedes fünfte Kind unter 18 Jahren lebt mit einem alleinerziehenden Elternteil zusammen. In den letzten Jahren gibt es immer mehr Alleinerziehende. Alleinerziehende verfügen in der Regel über ein geringes Einkommen, sind wenig vermögend, haben meist kleine Wohnungen und sind häufig vollerwerbstätig."
– Quelle: www.cdu.de/projekt21/familie/fakten_part01.htm

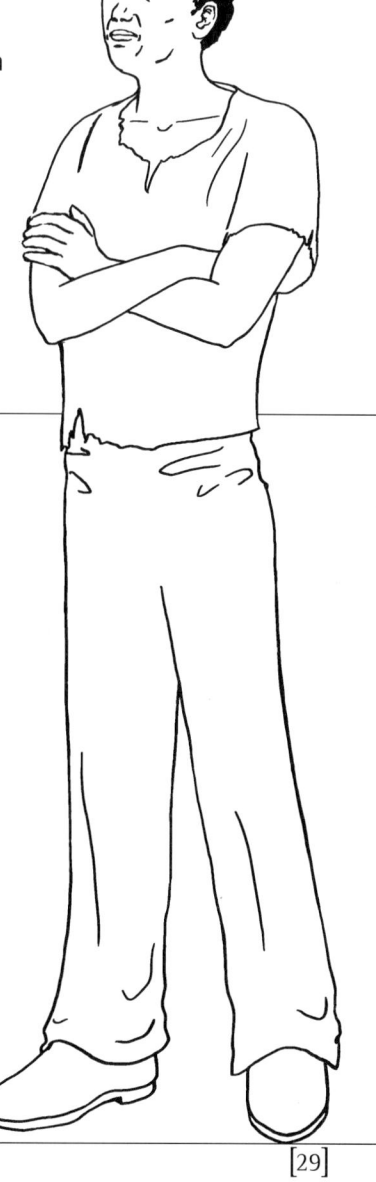

Kapitel [6]
ZUM|Roman

# Veränderungen: Thembas Familie

1. Im sechsten Kapitel ändert sich für Themba einiges, was seine Familie betrifft. Notiere stichpunktartig die wichtigsten Ereignisse bzw. Entwicklungen in den unten stehenden Feldern. Notiere auch, was Themba auf Grund dieser Veränderungen jeweils empfindet.

a) Mutter:

b) Nomtha:

c) Luthando:

2. Verfasse über den Vorfall zwischen Themba und Luthando in deinem Heft einen sachlichen Zeitungsbericht. Halte dich an die Tatsachen, und beantworte, wenn möglich, die sechs wesentlichen W-Fragen: Wer? Was? Wo? Wann? Warum? Wie? Wenn du im Roman keine Antwort findest, kannst du auch eine Antwort erfinden, die sich mit dem Text begründen lässt.

3. Themba sind seine neuen Gefühle für die Schwester unheimlich. Das Thema Inzest, also sexuelle Handlungen zwischen Blutsverwandten, ist heiß diskutiert. In Deutschland wird Inzest strafrechtlich verfolgt. Finde heraus, warum, und teile der Klasse mit, was du herausgefunden hast! Antworten findest du zum Beispiel in einem Lexikon oder hier: www.zeit.de/online/2008/12/inzest-karlsruhe

LITERATURkartei [+] „Themba"

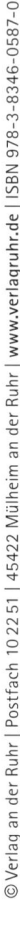

| Kapitel [6–7] |
| --- |
| ZUM|Roman |

# Sipho und seine Geschichte

Themba und Sipho kommen sich auf S. 80–85 erheblich näher – sie vertrauen sich gegenseitig einige Dinge an, die die beiden sehr belasten.

1. Sipho und Themba sind Freunde. Arbeite heraus, was sie verbindet. Erläutere, was diese Freundschaft für Themba in seiner derzeitigen Situation bedeutet.

2. Auf S. 80/81 erzählt Themba von einem Gespräch, in dem er Sipho sein Herz ausschüttet. Das Gespräch selber wird nicht wiedergegeben, er fasst es nur zusammen. Es findet zunächst ein Ende, als Siphos Geschwister nach ihm rufen.
Suche dir einen Partner. Überlegt euch, wie der Dialog zwischen Themba und Sipho lauten könnte. Schreibt ihn auf, und tragt ihn der Klasse vor.

3. Auf S. 83 erfährt der Leser Siphos großes Geheimnis: Er erzählt von seiner Mutter. Erinnert ihr euch noch an das Arbeitsblatt „Wer ist Nkosi Johnson"? Diskutiere mit deinem Partner: Was haben Nkosi und Siphos Mutter gemeinsam? Inwiefern sind sie trotzdem vollkommen unterschiedlich?

4. Stellt euch vor, Nkosi und Siphos Mutter würden sich einmal begegnen. Was hätte Nkosi der Frau wohl zu sagen? Verfasst gemeinsam einen kurzen Text in eurem Heft.

5. Stellt euch vor, ihr wäret Regisseure und würdet eine Dokumentation über Siphos Leben drehen.
Überlegt euch zunächst Folgendes:

   - Wo liegt der inhaltliche Schwerpunkt eures Filmes? Worüber möchtet ihr aufklären?
   - Wie könnt ihr euren Film inhaltlich strukturieren? (Wie viele Teile gibt es? Wird es ein Interview geben? Welche Personen kommen zu Wort? Werden einzelne Szenen nachgestellt?)
   - Gibt es einen Sprecher?

   Schreibt dann gemeinsam ein kurzes Drehbuch, und stellt es der Klasse vor.

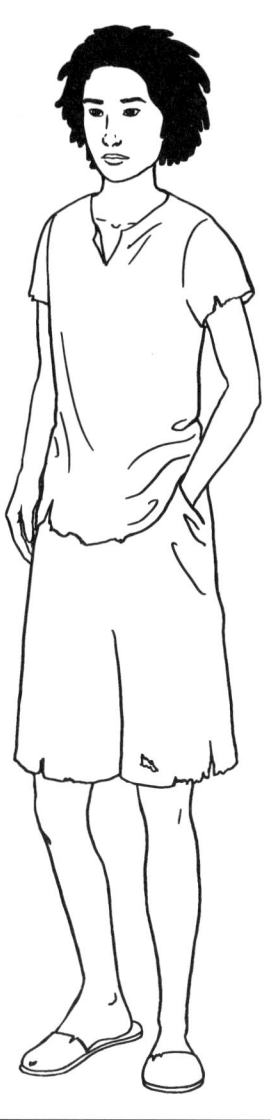

LITERATURkartei [+] „Themba"

# Kapitel [7]: Die „Löwen": Der Weg zum Erfolg

*... mehrfach verschenkt Sipho gute Pässe ...* – S. 95

*... und auch Ayanda ist längst nicht in der Form ...* – S. 95

*Trotzdem ist niemand zufrieden mit dem Spiel.* – S. 95

*In der zweiten Halbzeit müssen wir erkennen, dass wir noch längst nicht genug Kondition haben, um die volle Länge eines Spiels durchzuhalten.* – S. 95

Das Fußballspiel in Idutywa bei den landesweiten Fußballmeisterschaften der Junioren ist Themba und den anderen eine Lehre – Themba nennt es den „Schock von Idutywa". Sie betrachten ihre Leistung kritisch und ziehen daraus ihre Schlüsse.

*Es ist, als habe uns das vergeigte Spiel in Idutywa erst richtig deutlich gemacht, woran wir arbeiten müssen, wenn wir jemals mehr sein wollen als ein bunt zusammengewürfelter Haufen von Provinzlern – ein paar Chaoten, die nur Fußball spielen, weil sie nichts Besseres zu tun haben.* – S. 96

*Ab nun beginnen wir, systematisch eine richtige Elf aufzubauen, und jeder von uns trainiert gezielt seinen Platz in der Mannschaft und die Zusammenarbeit mit den anderen.* – S. 97

1. Kennst du das, dass ein Schreck oder sogar ein Schock eine Erkenntnis und auch einen Lernprozess nach sich zieht und letztendlich zu größerem Erfolg führt? Ist dir das schon mal passiert? Erzähle von einem Beispiel.

2. Bildet Gruppen von drei bis vier Schülern. Mindestens einer sollte sich gut mit Fußball auskennen. Listet Aspekte auf, die beim Fußball zu einem schlechten Spiel führen können. Versucht anschließend, Lösungsvorschläge für diese Probleme zu formulieren.

3. Entwickelt aus den Lösungsvorschlägen Trainingseinheiten, um die jeweiligen Probleme zu beheben. Gestaltet gemeinsam eine kleine Broschüre mit Trainigstipps für Themba und seine Freunde.

Tipps erhaltet ihr auch vom Sportverein oder unter:
www.training-wissen.dfb.de/index.php?id=508866

Kapitel [7-8]

# Südafrikas Nationalmannschaft (1)

Die südafrikanische Nationalmannschaft nennt sich *Bafana Bafana*. Übersetzt bedeutet dies „Jungs! Jungs!". Diesen Spitznamen erhielt die Mannschaft beim *Africa-Cup* 1996. Die Zuschauer riefen immer wieder „Bafana! Bafana!", um ihre Mannschaft anzufeuern – mit Erfolg: Südafrika wurde Afrikameister. Leider war dieser Erfolg nicht von langer Dauer, und weitere Siege bleiben seither aus. Wenn die Mannschaft als Gastgeber der Fußballweltmeisterschaft 2010 nicht automatisch für die Teilnahme qualifiziert wäre, dürfte sie nicht mitspielen. Bei allen wichtigen Turnieren ist sie frühzeitig ausgeschieden, und schon lange hat sie kein Spiel mehr gewonnen. Deshalb gibt es auch häufige Trainerwechsel. Trotzdem halten die Fans tapfer zu ihren Jungs und machen bei jedem Spiel einen ziemlichen Lärm mit Tausenden von Plastiktrompeten (*Vuvuzelas*). Die Mannschaft ist sehr aktiv und lässt sich von den Misserfolgen nicht abschrecken.

Zwischen der deutschen Nationalmannschaft und der Bafana-Elf gibt es immer wieder Freundschaftsspiele. Unter www.dfb.de/index.php?id=11368 findest du das Programm der deutschen Nationalmannschaft und kannst Informationen über die Freundschaftsspiele einholen.

1. Bildet zwei Teams in der Klasse: Das erste Team arbeitet für die deutsche Nationalmannschaft, das zweite Team für die südafrikanische. Nun gilt es, die jeweilige Mannschaftsaufstellung zu ermitteln. Für die deutsche Mannschaft reicht es vielleicht schon, wenn ihr euch untereinander austauscht.
Ihr könnt aber auch unter www.dfb.de recherchieren.
Dort findet ihr die aktuelle Aufstellung und alle wichtigen Infos über die Spieler. Unter www.fifa.com könnt ihr die Informationen über „Bafana Bafana" recherchieren.

2. Erstellt nun Plakate mit den Mannschaften. Präsentiert im Anschluss dem jeweils anderen Team eure Mannschaft. Jedes Teammitglied sollte dabei mindestens einen Spieler vorstellen. Informiert euch auch über den Weltranglistenplatz beider Mannschaften. Diskutiert dann gemeinsam darüber, wie ein Zusammentreffen der beiden Mannschaften ausgehen könnte.

3. Sammelt im deutschen Team Fragen an Südafrikas Cheftrainer, derzeit Joel Santana, und im afrikanischen Team Fragen an Deutschlands Cheftrainer, derzeit Joachim Löw. Führt dann die beiden Interviews mit dem jeweils anderen Team durch. Bei den Antworten braucht ihr wahrscheinlich etwas Fantasie …

Kapitel [7-8]
ZUM|Roman

# Südafrikas Nationalmannschaft (2)

Der folgende Text vermittelt einen Eindruck von der Stimmung in Südafrika, nachdem man 1996 den *Afrika Cup* gewonnen hatte.

## Wir sind wieder wer!

Von Bartholomäus Grill | © DIE ZEIT, 07/1996

Erst Rugby-Weltmeister, jetzt Meister von Afrika im Fußball. Dieses war der zweite Streich. Und wieder gleicht Südafrika einem Tollhaus. Millionen von Schwarzen tanzen Samba. Und selbst Weiße, die soeben erst die Abseitsregel begriffen haben, stimmen ein ins nationale Heldenlied: Viva Bafana Bafana, viva! Hoch leben unsere Jungs! Der Vollmond lugte vorsichtig über den Rand des Stadions von Soweto und wunderte sich: Da standen Nelson Mandela, der schwarze Präsident, Frederik de Klerk, sein weißer Vize, dazwischen Kapitän Neil Tovey mit dem Pokal und rundherum 85 000 Menschen in Ekstase. Fußball, das Opium fürs Volk, versöhnt das zerrissene Land. Wir sind wieder wer! Vorbei die finsteren Zeiten der Apartheid, vergessen die Schmach des internationalen Sportboykotts.

Nun greifen die Funktionäre nach den Sternen: Die Weltmeisterschaft 2006 muss her. Die wollen die Deutschen auch. Um den Südafrikanern den dummen Gedanken auszureden, waren sie vor einigen Wochen unter der Führung von Rasenmarschall Mayer-Vorfelder ans Kap gejettet.
[...]

Die Südafrikaner halten sich längst für eine Fußballmacht. Von den Funktionären aus Deutschland werden sie sich jedenfalls nicht so leicht austricksen lassen. Sie haben alles, was man für eine Weltmeisterschaft braucht: Millionen von Fans, prächtige Stadien, eine moderne Infrastruktur. Kein anderes Land in Afrika kann das bieten. Außerdem hat dort noch nie eine WM stattgefunden. Und: Die Zukunft des Fußballs ist schwarz. Sagt Pélé*. Bei der nächsten Weltmeisterschaft werden schon fünf statt drei Teams aus Afrika mitspielen.

– Quelle: www.zeit.de/1996/07/Wir_sind_wieder_wer_

---

* ehemaliger brasilianischer Fußballstar und Sportminister, gilt als einer der besten Fußballspieler der Geschichte

1. Fasse zusammen, was der Sieg 1996 für Südafrika bedeutete und was er bewirkte. Beziehe dabei ein, was du über die Geschichte Südafrikas weißt.

2. Big John hat Themba bei diesem Spiel als Zuschauer ins Stadion eingeladen. Am nächsten Tag schreibt Themba in seinem Tagebuch von dem Erlebnis. Verfasse seinen Eintrag in deinem Heft.

Kapitel [7-8]
ZUM|Roman

# Südafrikas Fußballer im Ausland

## Stars aus Südafrika

*Eine der vielen Tragödien aus der Zeit, als in Südafrika die Apartheid noch den Alltag bestimmte, besteht darin, dass viele talentierte Spieler nie den Weg in die Nationalmannschaft gefunden haben. Ganze Generationen von Stars haben wegen der Apartheidpolitik der weißen Minderheit nie die Chance gehabt, ihr Können bei großen Turnieren wie der FIFA Fußball-Weltmeisterschaft™ oder dem Afrikanischen Nationen-Pokal unter Beweis zu stellen.*

*[...]*

*Zu internationalen Einsätzen kamen nur jene Südafrikaner, die das Trikot anderer Fußballnationen überstreiften.*

## Hodgson, der Held

*Der erste große Superstar des südafrikanischen Fußballs war Gordon Hodgson, der beim ersten Länderspiel Südafrikas gegen Nordirland 1924 in Belfast mit von der Partie war. Später wechselte er nach England zum FC Liverpool, wo sein Rekord von 17 Hattricks noch immer ungeschlagen ist.*
*Nach dem Ende des Zweiten Weltkriegs machte sich eine ganze Generation südafrikanischer Spieler ins ferne England auf. Fast alle waren hellhäutig und hatten einen festen Platz in der Nationalelf, die weiterhin von der Rassentrennung bestimmt wurde.*

*[...]*

*Die ersten dunkelhäutigen Spieler, die im Ausland anheuerten, waren Darius Dhlomo und Steve Mokone, die bei Heracles Almelo in den Niederlanden einen bleibenden Eindruck hinterließen. Sie avancierten zu großen Helden für die schwarze Bevölkerungsmehrheit, die wegen der Apartheid nur wenige Vorbilder im Rampenlicht stehen hatte. Später kehrte David Julius Südafrika und der Apartheid den Rücken und unterschrieb einen Vertrag bei Sporting Lissabon. Als „David Julião" machte er sich in der portugiesischen Nationalelf einen Namen.*

*Der Südafrikaner Albert Johanneson war der erste dunkelhäutige Spieler, der 1965 in den Reihen von Leeds United ein FA-Cup-Endspiel bestritt.*

*Colin Viljoen und Brian Stein (dessen Vater aktiv gegen die Apartheid kämpfte und vor dem Regime fliehen musste) spielten beide für England – zu einem Zeitpunkt, als Südafrika ohne Nationalmannschaft dastand. Roy Wegerle, der sowohl beim FC Chelsea, den Queens Park Rangers als auch bei Luton Town unter Vertrag stand, wurde dank seiner Frau U.S.-amerikanischer Staatsbürger und stand im Kader der WM 1994 und 1998. Seine Entscheidung, für die USA zu spielen, fiel unmittelbar vor der Wiederaufnahme Südafrikas in den Kreis der internationalen Fußballfamilie.*

— **Quelle:** www.FIFA.com

---

1. Schildere kurz den Zusammenhang zwischen Rassentrennung *(Apartheid)* und südafrikanischem Fußball.

2. Sammelt in der Klasse Argumente: Welche Gründe könnten Spieler heute haben, aus Südafrika wegzuziehen, um beispielsweise in der Bundesliga zu spielen?

3. Südafrikanische Spieler in der Bundesliga waren oder sind u.a. Sibusiso Zuma, Rowen Fernandez, Steven Pienaar, Delron Buckley und Bradley Carnell. Suche dir einen Spieler aus, recherchiere über ihn, und erstelle auf einem DIN-A3-Blatt einen Steckbrief, anhand dessen du ihn deinen Mitschülern vorstellen kannst.

LITERATURkartei [+] „Themba"

# Südafrikas Fußballer: Interviews (1)

Die beiden südafrikanischen Fußballspieler Sibusiso Zuma und Steven Pienaar haben beide eine Zeit lang in der Bundesliga gespielt: Zuma für „Arminia Bielefeld", Pienaar für „Borussia Dortmund". In den folgenden Interviewausschnitten erzählen sie von ihrer Heimat.

## Interview mit Sibusiso Zuma

**RUND:** *Was machen Sie, wenn Sie in Südafrika zu Besuch sind?*

**Sibusiso Zuma:** Ich glaube, in Südafrika kennt mich jeder. Wenn ich am Flughafen ankomme, rufen die Leute meinen Namen. Es ist faszinierend, und es ist nett, dort zu sein. Erholen kann ich mich aber nur, wenn ich in meiner Heimatstadt Durban bin, weil die Leute dort daran gewöhnt sind, mich zu sehen. Dort treffe ich auch meine alten Freunde. Sie fragen dann nach meinen Fußballschuhen und Trikots. Ich kaufe jedes Mal 20 Trikots mit dem Namen „Zuma" im Fanshop und nehme meine alten Schuhe mit. Wenn ich ankomme, warten viele Freunde schon darauf.

**RUND:** *Fahren Sie auch in das Township, wo Sie aufgewachsen sind?*

**Sibusiso Zuma:** Wenn ich zwei Wochen in Südafrika bin, versuche ich, vielleicht fünfmal hinzufahren. Ich muss die Atmosphäre spüren, das Stadion sehen, wo ich angefangen habe, und meine alte Schule.

**RUND:** *Ist es dort immer noch gefährlich?*

**Sibusiso Zuma:** Ja, immer noch. Obwohl sich die Lage in den letzten Jahren verbessert hat. Abends nehme ich immer noch eine Waffe mit, um mich zu schützen. Man weiß nie, was passiert. Die meisten meiner alten Freunde wurden erschossen. Ich komme aus einer sehr armen Gegend und musste hart arbeiten, um Profifußballer zu werden.
— **Quelle:** www.rund-magazin.de

## Interview mit Steven Pienaar

**Frage:** *Dortmunds Brasilianer Dede musste als Kind arbeiten, um seine arme Familie zu versorgen. Sie sollen ähnliche Erfahrungen gemacht haben ...*

**Pienaar:** Ja, das ist schon vergleichbar. Wir sind als Kinder in Hinterhöfe von Fremden geklettert, um deren Leergut zu stehlen und einzulösen. Das Geld brauchten wir dringend zum Leben. Wir hatten nicht viel.

# Südafrikas Fußballer: Interviews (2)

*Frage:* Klingt nach einer harten Kindheit in Johannesburg.

*Pienaar:* Es war eine schwere Zeit. Meine Mutter hat aber alles für uns getan, wir waren drei Geschwister, ich der Älteste. Meine Mutter war sehr streng, sie hat versucht, uns von der Straße fernzuhalten.

*Frage:* Mit Erfolg?

*Pienaar:* Nicht immer. Wenn sie arbeiten war, habe ich mich rausgeschlichen, um mit Freunden um die Häuser zu streifen. Aber zum Glück hat es mich nie in eine Gang gezogen. Viele meiner Freunde schon, sogar bis heute.

*Frage:* Wie ging's dann mit dem Fußball los?

*Pienaar:* Meine Mutter hat mir einen Plastikball gekauft, mit dem durfte ich im Hof spielen. Wir haben auch oft mit einem Tennisball gekickt. Bei einem Spiel hat mich ein Scout gesehen und zu einer Sichtung eingeladen.
— **Quelle:** www.bvb.de/?%9F*k%97%84%EC%5Dc%E0%80%9D

1. Erläutere, welche Gemeinsamkeiten und welche Unterschiede es zwischen Thembas Lebensgeschichte und denen von Zuma und Pienaar gibt.

2. Gib in eigenen Worten wieder, was Zuma seine Heimat bedeutet und was die Gewalt in ihrem Heimatland im Leben der beiden Spieler bedeutet.

3. Gewalt wird von jedem unterschiedlich wahrgenommen. Für den einen fängt Gewalt schon mit Beschimpfen an, für den anderen erst mit Schlägen. Erfahrungen mit Gewalt hinterlassen bei jedem Menschen Spuren. Setzt euch zu viert zusammen, und schreibt in die Mitte eines DIN-A3-Blattes das Wort „Gewalt". Dann schreibt jeder auf der Seite des Blattes, an der er sitzt, was für ihn Gewalt bedeutet. Ihr dürft dabei nicht reden! Dreht nun den Zettel, und lest euch durch, was die anderen geschrieben haben. Versucht, eine gemeinsame Definition von Gewalt zu formulieren.

4. Verfasse ein kurzes Statement, wie du „Gewalt" als Phänomen in Deutschland erlebst. In welchen Bereichen ist sie für dich vor allem präsent?
Ziehe dabei sowohl Informationen aus Medien als auch weitergehende Informationen, z.B. Erzählungen von Verwandten und Bekannten, in Betracht.

Kapitel [8]
ZUM|Roman

# Fußballstar – Ein Traumberuf?

Wenn man berühmte Fußballer im Fernsehen sieht und weiß, wie viel sie für ihre Spiele an Geld und Anerkennung bekommen, könnte man richtig neidisch werden. Ein totaler Traumjob – oder?

## Gestrandete Profis

**Sie jagen einem Traum nach**
von Richard Leipold, Duisburg

13. Juli 2007. Auf den ersten Blick ist es ein ganz gewöhnlicher Trainingsstart. Ein Fußball-Lehrer trimmt eine Gruppe von Profis im Spiel mit und ohne Ball, um sie fit zu machen für die neue Saison.
[...]
Die Nummer zwölf gehört Ronny Kockel. Er hat sich nicht durchsetzen können im Berufsfußball – weder in Deutschland bei Arminia Bielefeld noch auf Zypern bei Olympiakos Nikosia. 25 Regionalligaspiele für die zweite Mannschaft der Arminia und, ein paar Jahre zuvor, 19 für die Stuttgarter Kickers sind sein ganzer Erfahrungsschatz, aber er will es weiter versuchen. Biografien wie diese sind normal bei den Trainierenden auf Platz vier der Sportschule Wedau.

Namen und Lebensläufe verraten: Es ist doch kein ganz normaler Start in die Saisonvorbereitung. Hier kicken Gestrandete des Profifußballs, die dagegen ankämpfen, als Gescheiterte aus ihrem Traum vom Glück zu erwachen. Bis zum Ende des nächsten Monats haben sie die Chance, irgendwo unterzukommen. Danach droht ihnen die Langzeitarbeitslosigkeit. „Wenn es bis zum 31. August nichts wird, muss ich wieder als Einzelhandelskaufmann arbeiten", sagt Kockel.

Fußballprofi ist für viele ein Traumberuf, der Ruhm und Reichtum verheißt. Aber auch auf diesem exquisiten Spielfeld gibt es Arbeitslose. [...] Eine verlässliche Statistik über die Zahl der Beschäftigungslosen unter den Profis gibt es nicht. Zwar melden sich viele von ihnen bei der Bundesagentur für Arbeit, aber sie sind schwer zu definieren.

In Deutschland gehen knapp tausend Profis ihrer Berufung als Lizenzspieler nach, hinzu kommen noch einmal so viele, die in der Regionalliga arbeiten. [...] Nicht jeder ist so qualifiziert wie die Teilnehmer des Duisburger VdV-Trainings, die alle schon mit dem Profifußball im weiteren Sinne in Berührung gekommen sind. „Bei einigen, die sich als arbeitslose Fußballspieler melden, ist oft der Wunsch Vater des Gedankens, weil es an einem anderen Berufsbild fehlt", sagt Baranowsky, Geschäftsführer der Spielergewerkschaft VdV.
[...]
Die Stimmung auf dem Platz ist besser als bei vielen Maßnahmen der staatlichen Arbeitslosenverwaltung. Vermutlich sind die Teilnehmer stärker motiviert; sie jagen einem Traum nach, nicht bloß einem Job. Aber auch mancher Fußballspieler kennt die dunklen Seiten.
„Ich bin zum ersten Mal arbeitslos, das ist eine Scheißsituation für mich. Es gibt Angenehmeres, als hier zu trainieren", sagt Spieler Policella.

— Quelle: www.faz.net/s/RubBC20E7BC6C204B29BADA5A79368B1E93/Doc~EAB4465D711A44B5EB67E30FC225175BC~ATpl~Ecommon~Scontent.html

1. Erläutere, welche Probleme die Profifußballer haben, und stelle Vermutungen an, woran das liegen könnte.

2. Stelle dir vor, du sollst für eine Zeitung eine kurze Glosse, also einen Meinungsbeitrag, schreiben. Überschrift: „Traumberuf Fußballer?" Beziehe mit ein, was du bislang über Fußball weißt!

LITERATURkartei [+] „Themba"

Kapitel [8]
ZUM|Roman

# Frauen und Fußball

Zum Erstaunen und gegen den Willen des Schiedsrichters schickt Thembas Mannschaft, die „Löwen", am Ende des Halbfinales Lindi ins Tor – ein Mädchen. Das sorgt ordentlich für Aufsehen. Auch in Deutschland haben Fußballerinnen teilweise immer noch ganz schön zu kämpfen, um akzeptiert zu werden.

Die deutschen Fußballerinnen sind in den letzten Jahren deutlich erfolgreicher gewesen als ihre männlichen Kollegen. Trotzdem dämmert es den Männern erst langsam, was für eine Konkurrenz da auf sie zukommt. Der *Deutsche Fußballbund* (DFB) ist dabei keine Ausnahme. Erst im Oktober 1970 gab der DFB grünes Licht für die Aufnahme des Frauenfußballs in den Bund. Noch 1955 hatte der DFB die Bildung von Frauenmannschaften untersagt. Als Begründung hieß es damals, dass die „weibliche Anmut" durch das Spiel gefährdet sei. Frauen am Ball widersprächen jeglichem sportlichem Empfinden. Aber zum Glück ließen die Frauen sich nicht entmutigen und kämpften für den Frauenfußball. Während die männlichen Kollegen Millionen scheffelten und mit den sportlichen Erfolgen trotzdem hinter den Erwartungen blieben, bekamen die Frauen als Prämie für den Europameistertitel 1989 jede ein Kaffeeservice. Man stelle sich das für die Männer vor: einen Standgrill für den Meistertitel? Würde einer der Männer dafür laufen? Im Jahr 2003, als die Frauen wiederum Titel um Titel holten und sogar das Finale der WM erfolgreich beendeten, bekamen die Fußballerinnen immerhin 15 000 € pro Spielerin. 12,5 Millionen Zuschauer verfolgten damals das Finale – was die DFB-Chefs schließlich auch überzeugte, den Fußballfrauen eigene Trikots zu spendieren. Denn bisher hatten die Damen in den Altkleidern der Herrenriege gespielt.

Frauen bekommen immer wieder Vorurteile zu spüren, wenn sie ihrem Sport nachgehen. So sagte der ehemalige Bundespräsident Johannes Rau zum Vorschlag, Fußballstadien nach Frauen zu benennen: „Wie soll das denn dann heißen? Ernst-Kuzorra-seine-Frau-ihr-Stadion?" Aber zum Glück hat der Erfolg der Frauennationalmannschaft dazu beigetragen, dass die Weltmeisterschaft der Frauen im Jahr 2011 zu uns nach Deutschland kommt.

– Informationen nach: www.focus.de/sport/fussball/fussball-frauen_aid_228376.html und www.bpb.de/themen/CE11Q4,0,Geschichte_des_Frauenfu%DFballs.html)

1. Diskutiert in der Klasse: Warum sind Männer eigentlich oft dagegen, dass Frauen Fußball spielen?

2. Sammelt gemeinsam Gründe dafür, dass die Frauenfußball-Weltmeisterschaft in Deutschland ausgetragen wird.

3. Setzt euch in Zweiergruppen zusammen. Sammelt Vorurteile gegen den Frauenfußball, und überlegt euch schlaue Antworten, die ihr als Fußballspielerin entgegnen könntet. Stellt euer Ergebnis in Form einer Diskussion der Klasse vor.

4. Die Frauen-WM kommt nach Deutschland, aber kaum einer weiß Bescheid ... Bildet Gruppen, und gestaltet ein Werbeplakat, auf dem ihr die Leute über die WM informiert und sie dazu animiert, sich die Spiele anzuschauen. Informationen zur WM findet ihr zum Beispiel hier: de.fifa.com/womensworldcup/index.html

**Kapitel [8-9]**

ZUM|Roman

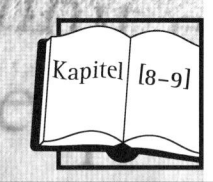

# Onkel Luthando – der Vergewaltiger

Eine Vergewaltigung ist ein sexueller Übergriff, dem eine Person gegen ihren Willen ausgesetzt wird. Sie ist strafbar und wird in fast allen Gesellschaften als eine der schwersten Straftaten verfolgt. In Deutschland wird ein vor Gericht verurteilter Vergewaltiger immer mit einer Freiheitsstrafe von mindestens zwei und höchstens 15 Jahren belegt. Obwohl es heutzutage zahlreiche Aufklärungskampagnen gibt und auch die Rechtslage in den meisten Gesellschaften zu Gunsten des Opfers geklärt ist, zählt die Vergewaltigung häufig immer noch zu den Tabuthemen. Viele Gerüchte und Vorurteile halten sich hartnäckig.

Zum Beispiel denken viele, dass es sich bei Sexualtätern meist um dem Opfer nicht bekannte Männer handelt. Die Statistik zeigt aber etwas anderes: Die meisten sexuellen Übergriffe werden durch bekannte oder verwandte Menschen begangen. Solche Täter versuchen, durch eine Vergewaltigung Macht auszuüben. Sie weiden sich an der Angst sowie der Schutz- und Wehrlosigkeit ihrer Opfer.

Laut deutscher Polizeistatistik kam es im Bundesgebiet im Jahr 2007 zu 8 100 gemeldeten Fällen von Vergewaltigung und sexueller Nötigung. In Südafrika werden allein jede Woche 1 000 Frauen und Kinder vergewaltigt – 40 Prozent von ihnen sind minderjährig. Und nur 5% der Täter müssen mit einer Verurteilung rechnen. Vor allem Vergewaltigungen von Jungen und Männern stehen auf der Prioritätenliste der Gerichte ganz unten.

Die Dunkelziffer sexueller Straftaten ist sowohl in Deutschland als auch in Südafrika weit höher als die zuvor genannten Zahlen.

Warum manche Männer zu brutalen Sexualstraftätern werden, ist nicht ganz aufgeklärt. Eine Theorie ist, dass die Täter eine schlimme Kindheit erlebt haben, in der Gewalt und sexuelle Erniedrigung eine wichtige Rolle spielten. Einige der Täter sind als Kinder bzw. Jugendliche selbst Opfer geworden und haben diese schlimme Erfahrung als eine Art der Normalität gedeutet.

Neben der Vergewaltigung gibt es eine Vielzahl weiterer Formen sexueller Gewalt. Sie kann schon bei anzüglichen Worten anfangen. Zum nächsten Schritt ist es dann oft nicht mehr weit: körperliche Übergriffe wie „Grapschen" sind Vorstufen einer Vergewaltigung und sind als sexuelle Nötigung zu erachten.

– Informationen nach: http://de.statista.com/statistik/daten/studie/212/umfrage/erfasste-straftaten-2006/ und www.sueddeutsche.de/panorama/35/373845/text/

---

1. Erläutere, wie Themba auf die Vergewaltigung reagiert und warum er mit keinem darüber sprechen wird.

2. Suche dir einen Partner. Welche Formen von sexueller Gewalt kennt ihr? Sammelt Stichpunkte, und tragt sie dann in der Klasse zusammen.

3. Es ist noch gar nicht lange her, da haben nur sehr wenige Opfer Vergewaltigungen angezeigt. Vor zwanzig Jahren noch sprachen die Gerichte die meisten Sexualtäter frei, weil sich – so die Begründung der Gerichte – die Frauen nicht deutlich genug gewehrt hätten. Diskutiert darüber in der Klasse. Was haltet ihr davon? Welche Zusammenhänge seht ihr zwischen den Freisprüchen und der Tatsache, dass nur wenige Vergewaltigungen angezeigt wurden?

Kapitel [9]

# Aids und Vergewaltigungen

## Aids in Südafrika:
## Das Haus brennt lichterloh

### Sr. Regina fordert konsequenten Kampf gegen Vergewaltigungen

Schätzungen zufolge sind fünf Millionen Südafrikaner mit dem Aids-Virus infiziert. „Das ist aber nur die Spitze des Eisberges", sagt Sr. Regina Bachmann anlässlich des Welt-Aids-Tages am 1. Dezember. In Mariannhill bei Durban leitet sie das einzige Krankenhaus für 750 000 Menschen.

Unablässig tickt die Aids-Uhr. Anfang dieser Woche hatten sich laut UN-Schätzung 40,63 Millionen Menschen weltweit mit der tödlichen Immunschwäche angesteckt. Und von 100 HIV-Infizierten weltweit leben 13 in Südafrika. „Doch das ist nur die Spitze des Eisberges", sagt Sr. Regina Bachmann. Die Ordensfrau aus Vorarlberg, die seit 41 Jahren in Südafrika lebt, misstraut der offiziellen Zahl von fünf Millionen. „In Wahrheit sind das weit mehr. Denn eine Statistik, wer an Aids stirbt, gibt es nicht. Also kann auch niemand sagen, wie viele daran erkrankt sind." Unbestritten jedoch ist: der Großraum Durban, wo das von Sr. Regina Bachmann geleitete St. Mary's Hospital das einzige öffentliche Krankenhaus ist, gilt als Region mit der höchsten Aids-Rate weltweit.

### Mythos „Jungfrau"

Im Krankenhaus zu beobachten ist, dass immer mehr junge Mädchen als Folge einer Vergewaltigung an Aids sterben. „Es gibt den Mythos", berichtet Sr. Regina, „wenn man mit einer Jungfrau Sexualverkehr hat, dann wird das Virus verdünnt oder man wird gar von Aids geheilt." Eine Entwicklung, mit der sie im Krankenhaus täglich konfrontiert ist, der aber die südafrikanische Regierung tatenlos zusieht: „Für mich zählt das zum Schrecklichsten. Vierjährige, die im letzten Stadium der Krankheit zu uns gebracht werden. Es ist fürchterlich mit ansehen zu müssen, was diese Kinder erleiden. Sie sind schon lange tot, bevor sie sterben." In allen Fällen sei auszuschließen, so die Missionsschwester, dass die Infektion bei der Geburt erfolgte. „Und die Jungfrauen werden immer jünger", klagt Sr. Regina an. [...]

— **Quelle:** www.dioezese-linz.at/redaktion/index.php?action_new=Lesen&Article_ID=16262, Autor: Walter Achleitner

---

1. Woran könnte es liegen, dass es keine genaue Aids-Statistik gibt? Berücksichtigt dabei, wie die Menschen im Roman mit Aids umgehen.

2. Erläutere, welchem Vorurteil Onkel Luthando offenbar glaubt und was dieses Vorurteil für Kinder und Jugendliche in Südafrika bedeutet. Was denkst und empfindest du, wenn du über dieses Vorurteil nachdenkst?

3. Suche dir einen Partner. Einer von euch ist Sipho, der andere Themba. Stellt euch vor, Themba hat beschlossen, seinem Freund von der Vergewaltigung zu erzählen. Verfasst das Gespräch.

4. Suche dir einen Partner. Recherchiere, welche Mythen es in Südafrika noch zum Thema Sexualverkehr gibt und wie sie mit der Krankheit Aids zusammenhängen. Informationen findet ihr zum Beispiel hier: www.taz.de/index.php?id=archivseite&dig=2003/07/16/a0165
Stellt euch nun vor, ihr würdet für eine südafrikanische Zeitung, beispielsweise eine Apothekenzeitung, schreiben.
Wendet euch direkt an die Leser, und klärt sie auf: Beruhen die Mythen auf der Wahrheit? Welche Folge hat die Verbreitung der Mythen?

**Kapitel [10]**

ZUM|Roman

# Unterwegs nach iKapa

Im zehnten Kapitel reisen Themba und Nomtha in einem Minibus von ihrem Dorf Qunu aus nach Kapstadt (iKapa).

Südafrika

Qunu •

1. Trage in die Karte die Route ein, die der Minibus nimmt. Anhand der Informationen zu Beginn des zehnten Kapitels kannst du sie nachvollziehen. Nimm dir eine Karte von Südafrika, zum Beispiel aus deinem Schulatlas, oder google maps zu Hilfe (maps.google.de/maps?hl=de&tab=wl).

2. Bildet Dreiergruppen. Sucht euch eine der größeren Städte aus, die der Bus passiert. Stellt euch vor, ihr seid Reiseführer und möchtet sie den Touristen besonders schmackhaft machen. Recherchieren könnt ihr in einem Lexikon oder im Internet, beispielsweise hier: www.touring-afrika.de/de/suedafrika/staedte.htm
   - Findet zunächst heraus, wie viele Einwohner die Stadt hat. Wenn ihr nicht genügend Informationen über die Stadt findet, sucht euch eine andere aus!
   - Notiert euch dann, wofür die Stadt bekannt ist. Welche Industrie herrscht dort zum Beispiel vor? Was gibt es zur Geschichte der Stadt zu sagen?
   - Nun findet ihr heraus, welche Sehenswürdigkeiten die Stadt zu bieten hat.
   
   Mit diesen Informationen könnt ihr nun ein Plakat gestalten, auf dem ihr die Stadt den potenziellen Touristen – euren Mitschülern – vorstellt. Ihr könnt Bilder aus Zeitungen, alten Kalendern etc. verwenden. Vielleicht bekommt ihr auch in einem Reisebüro alte Kataloge von Südafrika. Ansonsten könnt ihr aber auch zeichnen und das Plakat ganz einfach mit der Schrift, die ihr wählt, gestalten.

3. Jetzt ist Themba weg ... Wie mag Sipho sich wohl fühlen? Stellt euch vor, am Grab seiner Mutter erzählt er ihr von seinen Gefühlen – die Xhosa vertrauen den Toten häufig ihre Sorgen an. Was würde er wohl sagen?

LITERATURkartei [+] „Themba"

**Kapitel [10]**

ZUM|Roman

# Easy Xhosa – isiXhosa?

Im zehnten Kapitel wird viel *isiXhosa* gesprochen. Das ist die Sprache von Thembas Volk – der *Xhosa*. Diesem Volk gehört übrigens auch Nelson Mandela an! Es gehört zu den über 400 afrikanischen Ethnien, die unter dem Sammelbegriff *Bantu* zusammengefasst werden und einer Sprachfamilie angehören.

„Xhosa ist leicht" bedeutet der erste Teil der Überschrift dieses Arbeitsblattes, das ist natürlich Englisch. Der zweite Teil, isiXhosa, bedeutet einfach nur: Xhosa-Sprache. Xhosa allein bezeichnet das Volk, isiXhosa die Sprache.

Aber ob die wirklich so einfach ist?

Für dieses Arbeitsblatt braucht ihr Internetzugang und Kopfhörer – und außerdem ziemlich gute Englischkenntnisse …

1. Öffnet folgende Seite: www.youtube.com/watch?v=KZlp-croVYw („Xhosa Lesson in South Africa"). Seht euch das Video an. Achtet dabei auch genau auf die Bilder des *Townships* zu Beginn, dann habt ihr eine Vorstellung davon, wie Themba mit seiner Mutter und Nomtha in Kapstadt, iKapa lebt.

2. In dem Video erklärt Nelson, wie man die Buchstaben C, X und Q in Verbindung mit verschiedenen Vokalen ausspricht. Ihr müsst es euch sicher mehrfach anhören. Macht dann einen kleinen Wettbewerb: Wer kann die Laute am besten nachsprechen?

3. Notiert mindestens einen der Zungenbrecher, die Nelson auf isiXhosa aufsagt, und dann auf Englisch wiederholt, auf Englisch, und übersetzt ihn dann ins Deutsche.

*Du kannst mit Hilfe des roten Balkens das Video anhalten oder mehrfach anhören!*

4. Wie viele Bevölkerungsgruppen gab es eigentlich in Südafrika, bevor die Weißen kamen? Und wo lebten die ursprünglich? Zeichne die Südafrika-Karte vom Arbeitsblatt „Unterwegs nach iKapa" auf einem DIN-A3-Blatt nach (du kannst auch eine Karte aus deinem Atlas nachzeichnen), und trage ein, was du herausfindest. Einen Anfang für deine Recherche findest du hier: www.suedafrika-insider.com/geschichte/bevoelkerung.html

*Man kann übrigens auch Musik mit diesen Klick-Lauten machen. Höre dir doch mal das berühmte Pata Pata von Miriam Makeba an:*
*www.lastfm.de/music/Miriam+Makeba/_/Pata+Pata?autostart*

LITERATURkartei [+] „Themba"

# Südafrikas viele Amtssprachen (1)

## Das Sprachproblem

Nicht einmal alle Sprachen, die in Südafrika gesprochen werden, sind hier zu finden: Schild an einem Zaun im südafrikanischen Grahamstown.
© Marc Albrecht-Hermanns, 2001

*Fremd ist für viele dann zu allem Überfluss auch noch die Sprache. Zwar sagt das Gesetz, dass – wenn möglich – jedes Kind in seiner Sprache zu erziehen sei, insbesondere in den ersten vier Schuljahren. Wenn möglich. Aber die Praxis sieht anders aus. Landesweit wird in mehr als der Hälfte der Schulen der Unterricht in Englisch erteilt – für über 90 Prozent der Bevölkerung eine Fremdsprache. Die meisten Südafrikaner sprechen in der Familie Zulu (22 Prozent) oder Xhosa (18,1 Prozent), eine der Sotho-Sprachen (16,8 Prozent) oder Afrikaans (15 Prozent) – aber eben nur 9,5 Prozent Englisch.*

*Die Weltsprache Englisch genießt nicht nur das höchste Prestige, sie ist auch der kleinste gemeinsame Nenner im südafrikanischen Babylon von elf offiziellen und vielen anderen inoffiziellen Sprachen (die amtliche Statistik zählt da Holländisch, Deutsch, Griechisch, Italienisch, Portugiesisch, Französisch, Tamil, Hindi, Telegu, Gujarati, Urdu und Chinesisch auf). Auch an der Cedar Oberschule in Mitchells Plain etwa wird Englisch im Unterricht genutzt – als gemeinsames Medium für die Xhosa-sprechenden Afrikaner und die Farbigen, die zu Hause Afrikaans reden. „Der Lehrer erklärt etwas auf Englisch", sagt eine Schülerin, „du denkst darüber nach und übersetzt es unbewusst ins Xhosa; dann übersetzt du es zurück ins Englische und schreibst es auf." Und noch eine ganz besonders erschreckende Zahl: Nur vier Prozent der Lehrer geben Englisch als die Sprache an, in der sie sich am besten verständigen können. „Das bedeutet", sagt der Sprachwissenschaftler Nevile Alexander, „dass Lehrer, für die Englisch die zweite oder dritte Sprache ist, Schüler unterrichten, für die Englisch auch nur die zweite oder dritte Sprache ist – und da wundert man sich, warum so viele bei der Abschlussprüfung durchfallen."*

*Englisch (oder auch Afrikaans) ist die Sprache des Wirtschaftslebens, der Politik, des Buchmarkts (afrikanische Literatur in afrikanischen Sprachen sucht man in Läden und Katalogen fast vergebens), der Medien (nur die öffentlich-rechtliche Rundfunkanstalt, Lokalradios und Mini-Zeitungen bieten auch die anderen Sprachen an). Und Englisch und Afrikaans sind die Sprachen der allermeisten Weißen – die Schwarzen sind (wieder einmal) benachteiligt. Flüssiger Ausdruck im Englischen gilt vielfach bereits als Ausweis von Intelligenz; Afrikaner, die nicht sprachbegabt sind, haben schlechte Karten in Südafrika. Einschlägige Untersuchungen zeigen, dass die meisten Befragten selbstverständlich in der Lage sind, zum Beispiel differenzierte und durchdachte politische Meinungen zu äußern – in ihrer Muttersprache. Wenn sie das aber auf Englisch tun sollen, sagen viele eher das, was sie sagen können, und nicht unbedingt das, was sie denken. „Solange die Mehrheit der Bevölkerung", sagt Alexander, „sich herumquälen und auf Übersetzer verlassen muss, solange können die Menschen nicht über ihr eigenes Schicksal bestimmen." Kein Wunder also, wenn gerade schwarze Eltern darauf drängen, dass ihre Kinder in der Weltsprache unterrichtet werden – ihre eigene sehen sie nur als Garant für andauernde Armut an. Der Trend zum Englischen dürfte sich daher in absehbarer Zukunft eher noch verstärken.*

— **Quelle:** Mandelas Erben. Bussiek, Christel und Hendrik, Notizen aus dem neuen Südafrika, Dietz, Bonn 1999, S. 120.

# Südafrikas viele Amtssprachen (2)

1. Arbeite heraus, welche Probleme sich durch die vielen verschiedenen Sprachen ergeben.

2. Erläutere, warum viele Eltern es für besonders wichtig halten, dass ihre Kinder Englisch besonders gut beherrschen.

3. Stelle dir vor, du chattest mit einer schwarzen afrikanischen Freundin und willst ihr sagen, was du von der Apartheid hältst. Versuche, deinen Chat-Beitrag ohne Lexikon zu formulieren.

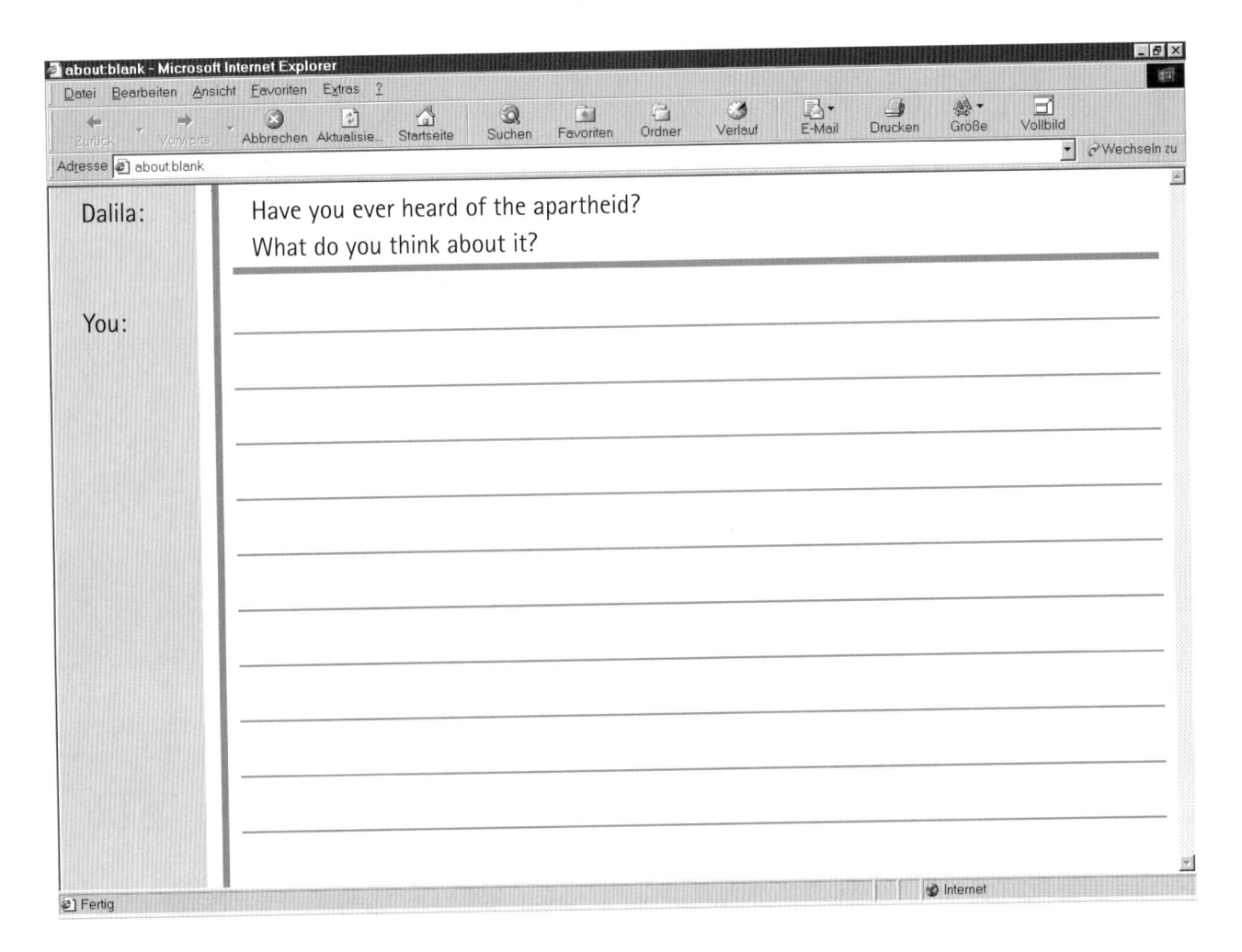

**Dalila:** Have you ever heard of the apartheid? What do you think about it?

**You:**

4. Notiere in einem Satz, welche Probleme du bei der genauen Formulierung deiner Meinung hattest.

5. Was bedeutet das vor dem Hintergrund des Textes auf S. 44 für viele Südafrikaner?

**Kapitel [10-11]**
ZUM|Roman

# Der lange Weg zur Mutter

Im zehnten Kapitel kommen Themba und Nomtha in Kapstadt an und erreichen schließlich das *Township* Masiphumelele, in dem ihre Mutter lebt. Dabei sind sie sehr unterschiedlichen Eindrücken ausgesetzt.

**Mind-Map:**

( Ankunft in Kapstadt )

1. Erstelle eine Mind-Map, in der du Thembas erste Eindrücke von Kapstadt sammelst! Versuche dabei, nach Oberbegriffen zu ordnen.

2. Das Township Masiphumelele wird im zehnten Kapitel sehr genau beschrieben. Du kannst zwischen folgenden Möglichkeiten wählen:

   a) Zeichne ein Bild mit einer Ansicht des Townships. Setze darin möglichst viele der Informationen um, die du von Themba darüber erhältst.

   b) Erstelle eine Karte, die den Aufbau des Townships wiedergibt. Zeichne darauf alle Gebäude und Teile des Townships ein, von denen du im zehnten Kapitel erfährst. Berücksichtige auch seine Lage in Kapstadt. Wo dir Informationen fehlen, musst du improvisieren.

Kapitel [10–11]

# Das Wiedersehen im Township

ZUM|Roman

„Bantwana bam – meine Kinder, ich habe so oft gebetet, dass meine Kraft noch reicht, um euch wiederzusehen. Und Gott hat meine Gebete erhört. Ich habe ihm aber auch versprochen, dass ich mit euch, meinen Kindern, ganz ehrlich sein werde …" – S. 151

1. Im elften Kapitel werden einige Geheimnisse gelüftet, und Themba und Nomtha müssen lernen, mit der schrecklichen Wahrheit zu leben: Ihre Mutter hat Aids. Themba versucht, Nomtha zu trösten: „Ja, Mutter hat Aids, aber jetzt sind wir doch bei ihr." – S. 152 Tatsächlich wird für die Mutter einiges besser, als ihre Kinder kommen. Erzähle aus ihrer Sicht, wie es dazu kam, dass es ihr so schlecht geht, und wie sie das Wiedersehen mit den Kindern erlebt.

2. Im Township begegnen Themba und Nomtha sehr verschiedenen Menschen, die sich der Mutter gegenüber sehr unterschiedlich verhalten. Sucht euch einen Partner. Seht euch das zehnte und elfte Kapitel noch einmal genau an. Schreibt in die unten stehende Tabelle alle Personen, die Thembas Mutter kennen. Notiert euch dazu kurz, wie die Person Thembas Mutter gegenübersteht: Was denkt sie über sie? Was hofft sie?

3. Arbeite weiter mit deinem Partner zusammen. Stellt euch nun Folgendes vor: Einer von euch ist Journalist und möchte eine Reportage zum Thema „Aids im Township" machen. Sucht euch eine der Personen aus, die ihr herausgeschrieben habt. Diese Person wird nun vom Journalisten zum Thema Aids an sich und zu ihrem Verhältnis zu Thembas Mutter im Besonderen befragt. Welche Fragen könnten gestellt werden?
Wie würde das Interview verlaufen?
Spielt es der Klasse vor.

| Person | Verhältnis zu Thembas Mutter |
|---|---|
| | |
| | |
| | |
| | |
| | |

LITERATURkartei [+] „Themba" [47]

Kapitel [11–12]
ZUM|Roman

# „Mutter hat Aids" – Tabu und Realität (1)

Das Thema Aids spielt im Roman eine große Rolle. Das heutige Südafrika ist von dieser Krankheit geprägt. Aber dennoch ist es für viele ein Tabuthema.

Mama Zanele verkündet bei der Beerdigung ihrer Tochter, dass diese an Aids gestorben ist. Die Reaktion der Zuhörer: *„Einige der Nachbarinnen, die noch nicht nach Hause gegangen sind, schauen erschrocken zu Boden und gehen dann schweigend weiter, als hätten sie nichts gehört."* – 📖 S. 53

Sipho erzählt Themba die Wahrheit über seine Mutter, die an Aids gestorben ist. *„Sie hatte solche Angst, dass jemand schlecht über sie reden könnte. […] Manche Nachbarn sind später von selbst weggeblieben, seit das Gerücht umging, dass Mutter jene unheimliche Krankheit hat."* – 📖 S. 83

Im Township ist es Nelisa, die die Wahrheit ausspricht: *„Sie hat Aids, jeder weiß das hier! Es scheint, als sei es auch Nelisa verboten, mit Mutter zu sprechen oder sich in ihrer Nähe aufzuhalten."* – 📖 S. 150

*„Jeder kennt inzwischen jemanden, der Aids hat oder dessen Verwandter oder Freund daran gestorben ist"*, resümiert Themba, nachdem er von der Krankheit seiner Mutter erfahren hat. *„Warum also immer wieder diese Geheimniskrämerei, das Schweigen, die Ablehnung, all das Getue, als wäre das keine Krankheit, sondern ein böser Fluch?"* – 📖 S. 150

Aids („*Acquired Immune Deficiency Syndrome*", auf Deutsch: „Erworbenes Immunschwächesyndrom") ist eine Krankheit, die mit vielen Vorurteilen beladen ist: Einige Glaubensgemeinschaften gehen zum Beispiel davon aus, dass die Krankheit eine Strafe eines Gottes oder Geistes ist. Andere Vorurteile lauten, dass nur homosexuelle Männer Aids bekommen können, darum wird es auch als „Schwulenseuche" bezeichnet. Viele Menschen meinen, dass alle, die Aids haben, ein perverses Leben mit häufig wechselnden oder fragwürdigen Sexualkontakten führen. Auch mangelnde Hygiene wird den Betroffenen oft vorgeworfen.
Aber wie sieht die Wirklichkeit aus?
Aids wird durch ein Virus verursacht, gegen das noch immer kein Heilmittel gefunden ist. Dieses Virus kann nicht an Luft überleben, sondern kommt ausschließlich in Körperflüssigkeiten vor. Doch nicht in allen Körperflüssigkeiten ist das Virus stark vorhanden. Blut (auch Menstruationsblut) und Sperma sind die Hauptquellen einer Infektion. Ungeschützter Geschlechtsverkehr kann also zu einer Ansteckung führen, ebenso wie eine Bluttransfusion (wenn das Blut nicht kontrolliert wurde) oder verunreinigtes Fixerbesteck bzw. nicht sterilisierte Nadeln beim Arzt. Auch über Scheidenflüssigkeit und Muttermilch kann eine Ansteckung erfolgen. Küssen ist jedoch kein Problem, auch nicht das Teilen eines Bechers oder das gemeinsame Benutzen von Besteck oder der Toilette.

LITERATURkartei [+] „Themba"

# „Mutter hat Aids" – Tabu und Realität (2)

Und was passiert im Körper, wenn man Aids hat?
Die Infektion mit dem HI (= *Human Immunodeficiency*, „menschliches Immunschwäche-")Virus geht dem Ausbruch der Krankheit Aids voraus. Das Virus befällt die Zellen des menschlichen Immunsystems, des Abwehrsystems für Krankheitserreger. So kann sich der Körper nicht mehr gegen Infektionen wehren, die sonst ganz harmlos verlaufen würden. Das führt zu immer schwerer verlaufenden Krankheitsfällen. Auch für Krebs wird der Körper besonders anfällig.

Seit einigen Jahren gibt es zahlreiche Medikamente zur Behandlung. Sie heißen Antiretroviral-Medikamente, kurz ART-Medikamente, und verhindern, dass sich das Virus im Körper weiter ausbreitet. Damit können sie, lebenslang eingenommen, die Erkrankung über lange Zeit bis zu einem gewissen Maß zum Stillstand bringen – somit muss HIV, wenn es früh genug entdeckt und therapiert wird, kein vorzeitiges Todesurteil mehr bedeuten. Allerdings kann es Nebenwirkungen geben. Heilbar ist die Infektion nicht, und das Virus verbleibt lebenslang im Körper.

*Auch in Südafrika gibt es zahlreiche Medikamente.*

---

1. Diskutiert in der Klasse, warum Aids an manchen Orten der Welt ein Tabuthema ist?

2. Zu Beginn des zwölften Kapitels spricht Sister Princess über die Behandlungsmöglichkeiten von Aids in Südafrika. Ergänze den oben stehenden Informationstext um die Fakten, die Themba und Nomtha von ihr erfahren. Gib die Informationen dabei mit eigenen Worten wieder.

3. Lies das Nachwort im Roman ab S. 209. Notiere, welche zusätzlichen Informationen du über Aids erhältst. Welche Bedeutung misst van Dijk der Krankheit für die Zukunft Südafrikas zu? Was schlägt er vor?

4. Aids ist eine sehr komplexe Krankheit. Um euch darüber eingehender zu informieren, könnt ihr einen Experten einladen. Gerne kommen Leute von ProFamilia (ProFa) in die Schule. Die ProFa ist eine Beratungsstelle rund um das Thema Sexualität, also nicht nur für Aids, sondern auch, wenn es um Verhütung und Schwangerschaft geht. Schreibt euch Fragen für die Expertenrunde auf, und erstellt im Anschluss an die Runde eine Informationsbroschüre, in der ihr über die Krankheit sowie Ansteckungs- und Behandlungsmöglichkeiten aufklärt.

# Aids in Südafrika: Statistiken

**1. Weltweit infizieren sich immer mehr Kinder mit HIV**

- 11.000 / 11.000 Nordamerika
- 4.000 / 4.000 West- und Mitteleuropa
- 5.000 / 6.900 Osteuropa und Zentralasien
- 51.000 / 54.000 Lateinamerika und Karibik
- 29.000 / 31.000 Nordafrika und Mittlerer Osten
- 150.000 / 170.000 Süd- und Südostasien
- 6.900 / 9.400 Ostasien und Ozeanien
- 1.900.000 / 2.000.000 Afrika südl. der Sahara

2003 / 2005 — Die Zahl HIV-infizierter Kinder unter 14 Jahren ist weltweit von 2003 bis 2005 von 2,16 auf 2,29 Millionen gestiegen. Die Kinder stecken sich vor und während der Geburt oder in der Stillzeit bei ihrer Mutter an.

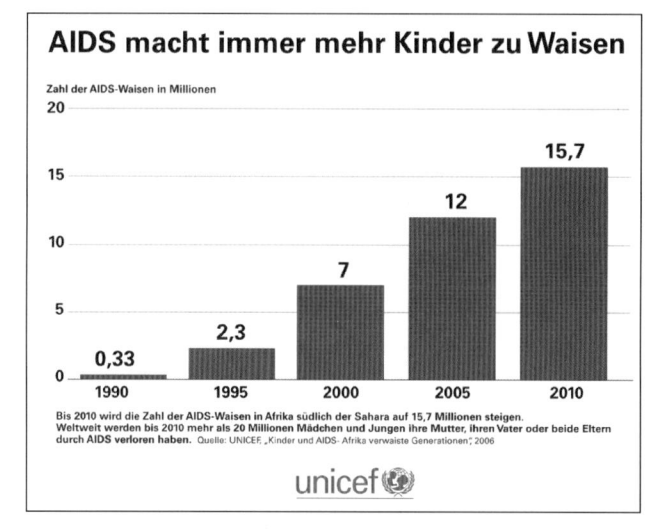

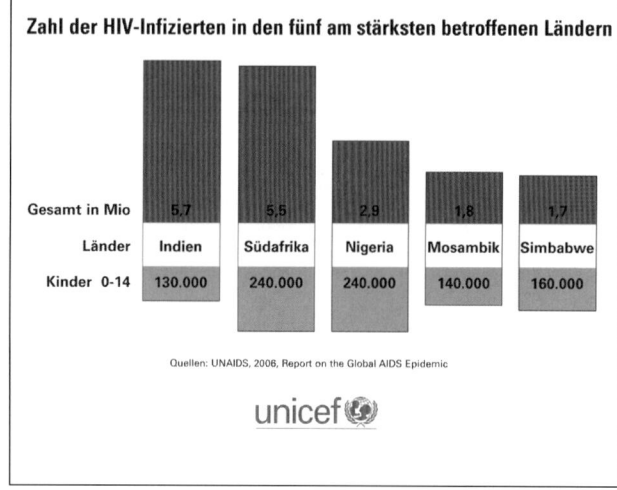

unicef

**2. AIDS macht immer mehr Kinder zu Waisen**

Zahl der AIDS-Waisen in Millionen:
- 1990: 0,33
- 1995: 2,3
- 2000: 7
- 2005: 12
- 2010: 15,7

Bis 2010 wird die Zahl der AIDS-Waisen in Afrika südlich der Sahara auf 15,7 Millionen steigen. Weltweit werden bis 2010 mehr als 20 Millionen Mädchen und Jungen ihre Mutter, ihren Vater oder beide Eltern durch AIDS verloren haben. Quelle: UNICEF „Kinder und AIDS- Afrika verwaiste Generationen", 2006

unicef

**3. Zahl der HIV-Infizierten in den fünf am stärksten betroffenen Ländern**

| Länder | Gesamt in Mio | Kinder 0-14 |
|---|---|---|
| Indien | 5,7 | 130.000 |
| Südafrika | 5,5 | 240.000 |
| Nigeria | 2,9 | 240.000 |
| Mosambik | 1,8 | 140.000 |
| Simbabwe | 1,7 | 160.000 |

Quellen: UNAIDS, 2006, Report on the Global AIDS Epidemic

unicef

---

1. Sieh dir Statistik Nr. 1 an, und fasse ihre Kernaussagen in zwei bis drei Sätzen zusammen.

2. Setze die Statistiken Nr. 2 und 3 in Bezug zum Roman „Themba". Inwieweit spiegelt sich ihre Aussage dort inhaltlich wider?

3. Aids wird vor allem durch Sexualkontakte weitergegeben. Daher sind besonders junge Menschen und Menschen mittleren Alters von der Krankheit betroffen, da diese Altersgruppe durchschnittlich am meisten Geschlechtsverkehr hat. Die Krankheit tötet also gerade Menschen mittleren Alters. Welche wirtschaftlichen und sozialen Folgen entstehen für ein Land, wenn ein hoher Prozentsatz dieser Altersgruppe stirbt?

4. Stelle mit einem Partner einen Forderungskatalog auf: Was muss eine Regierung unternehmen, um die Verbreitung von Aids einzudämmen?

# Kapitel [12]

# Etwas hinterlassen: Memory Books

Themba und Nomtha werden ihre Mutter verlieren. Aber wenigstens bleiben ihnen viele Erinnerungen an sie. Gerade im Süden Afrikas wütet die Krankheit Aids so stark, dass viele Kinder ohne Eltern aufwachsen müssen, weil diese ohne ausreichende medikamentöse Behandlung im Durchschnitt spätestens acht Jahre nach der Ansteckung mit dem Virus sterben. Eine Möglichkeit der Erinnerung bilden aber die so genannten Memory Books.

*Sharon war ein Jahr alt, als ihr Vater starb. Ohne das „Memory Book", das ihre Mutter schrieb, bevor auch sie starb, wüsste das Mädchen nichts über seine Eltern. Sharon blättert oft in dem Heft mit den Fotos der Mutter, des Vaters. Sie liest, was ihre Eltern nicht mehr erzählen können: wie sie aufwuchsen und wie sie einander kennenlernten. Über die Hochzeit und Sharons Geburt. Darüber, wie die Mutter versuchte, den Vater zu einem HIV-Test zu bewegen, er es ablehnte, seine Frau stattdessen ansteckte. Und immer wieder liest Sharon das Vermächtnis ihrer Mutter: „Meine Tochter, bitte geh so lange wie möglich zur Schule, denn mit einer guten Schulbildung wird das Leben für dich einfacher sein."*

*28 Millionen Menschen in Afrika sind mit dem Aidsvirus infiziert. Wenn sie sterben, hinterlassen sie nicht selten Kinder, die so jung sind, dass sie sich später kaum an ihre Eltern erinnern können. In mehreren Ländern Afrikas haben Mütter und Väter deshalb begonnen, Memory Books, Erinnerungsbücher, zu schreiben. Damit etwas bleibt von ihnen ...*

— **Quelle:** hr2-kultur | Wissenswert, 1.12.2008, Damit etwas bleibt von uns – Die Memory Books aidskranker Eltern in Afrika

„Plan – International" ist eine Hilfsorganisation, die sehr erfolgreich auch in Deutschland Spenden sammelt, um in allen Teilen der Welt zu helfen. Gemeinsam mit dem Schriftsteller Henning Mankell unterstützen sie aidskranke Eltern beim Erstellen von Memory Books. Unter dem Titel „Memory Books" gibt es auch einen sehr bewegenden deutsch-ugandischen Dokumentarfilm von Christa Graf. Informationen und den Trailer (einen kurzen Werbefilm) findest du unter www.memorybooks-film.de

1. Die Bedeutung der Memory Books für die Aidswaisen ist sehr groß. Was meint Henning Mankell mit den Worten: „Diese kleinen Hefte mit eingeklebten Bildern und Texten, von Menschen geschrieben, die kaum das Alphabet beherrschen, könnten sich als die wichtigsten Dokumente unserer Zeit erweisen"? (Quelle: www.memory-books.de) Diskutiert in der Klasse.

2. Frage einmal deine Eltern aus: Welche Erinnerungen haben sie an deine Kindheit? Schreibe einige dieser Erinnerungen auf, und trage sie in deiner Klasse vor. Du kannst deinen Kurzvortrag auch mit Kinderbildern von dir abrunden.

3. Auch ohne Krankheit und nahenden Tod gibt es Erinnerungen, Erfahrungen, Erkenntnisse, Wünsche und Hoffnungen, die einem besonders am Herzen liegen. Überlege dir, was dir wichtig ist und was du gerne weitergeben würdest, zum Beispiel später mal an deine Kinder. Schreibe es in ein Heft. Du kannst dazu auch Bilder zeichnen oder eine Collage anfertigen.

Kapitel [12]

# Die Xhosa und der Tod

Themba und Nomtha werden ihre Mutter verlieren. Aber nach dem Glauben der Xhosa wird diese Trennung nicht endgültig sein.

In der Kultur der Xhosa bedeutet der Tod nichts anderes als eine neue Form der Familienmitgliedschaft. Die Rolle, die der Verstorbene einnimmt, ist einfach eine andere als zuvor: Er bleibt in der Nähe, und die Familie kann Kontakt mit ihm aufnehmen und ihn bitten, ihr zur Seite zu stehen. Die rein körperliche Trennung bringt natürlich Trauer mit sich – aber neben dieser Trauer steht der feste Glauben daran, dass es ein Leben nach dem Tod gibt. Die Xhosa suchen häufig die Gräber ihrer Vorfahren auf, um aus den verschiedensten Gründen mit ihnen zu sprechen.

Wenn jemand stirbt, wird seine Seele von den Hinterbliebenen mit einem Ritual (isiXhosa: *umkhapho*) zu den Vorfahren begleitet. Der Weg ins Jenseits soll erleichtert und eine Rückkehr möglich gemacht werden. Das geschieht, indem die Verwandtschaft zusammenkommt und gemeinsam auf eine bestimmte Art zubereitetes Fleisch verzehrt, dies mit großem Ernst: Währenddessen überbringt der Verstorbene den Vorfahren Nachrichten, damit sie ihre Nachkommen nicht vergessen.

So wie die Xhosa in der Gemeinschaft leben, so wird auch gemeinsam getrauert. Ungefähr zwei Wochen lang teilt die Gemeinschaft den Schmerz der Trauernden, indem man ihnen Gesellschaft leistet.

Die Trauer hält an bis zum nächsten Ritual, das meist innerhalb des ersten Jahres nach dem Tode erfolgt: dem Zurückholen der Seele (isiXhosa: *umbuyiso*). Dann wird der Verstorbene von den Lebenden willkommen geheißen und ist wieder unter ihnen, um ihnen zu helfen und sie zu schützen. Hierbei wird wieder Fleisch verzehrt, aber dieses Mal singen und tanzen die Hinterbliebenen dabei. Dieses Ritual lässt sich beliebig wiederholen.

1. Themba hat im ersten Kapitel gesagt, dass er nicht an Geister glaubt. Nomtha tut das schon. Gesetzt den Fall, ihr zuliebe möchte Themba die Rituale der Xhosa nach dem Tod der Mutter ausführen: Inwieweit wird das Schicksal seiner Familie diese Ausführung beeinflussen? Was wird für die Geschwister schwierig, was wird anders sein, als es im Volk der Xhosa üblich ist?

2. Themba und Nomtha wollen ihre Mutter zu sich nach Hause holen, damit sie in Würde sterben kann. Was würdest du an ihrer Stelle tun? Begründe.

3. Bildet Expertengruppen zu folgenden Religionen: Christentum, Islam, Judentum, Buddhismus. Recherchiert in der Schulbibliothek oder im Internet und gestaltet Plakate: Welches Verständnis hat man in dieser Religion vom Tod? Wie geht man damit um? Welche Rituale gibt es? Wo gibt es Unterschiede, wo Gemeinsamkeiten zum Glauben und zu den Ritualen der Xhosa?

*Wenn ihr nicht weiterkommt, könnt ihr auch einen Religionslehrer fragen.*

Kapitel [13]
ZUM|Roman

# Homes for Kids in South Africa (1)

„Das Haus der Kinder" heißt das dreizehnte Kapitel. Dieses Haus gibt es wirklich. Gegründet hat es der Autor des Jugendbuches, Lutz van Dijk, der den Verein „HOKISA" ins Leben gerufen hat. Das bedeutet „Homes for Kids in South Africa" – womit der Zusammenhang klar wäre …

1. Informiere dich anhand des Faltblattes auf der nächsten Seite über den Verein HOKISA. Welche Grundsätze hat er? Was sind seine Ziele? Wie setzt er sie um?

2. Welche Ziele hat der deutsche Förderverein HOKISA e.V.?

3. Lies nochmals das Kapitel „Das Haus der Kinder". Auf S. 182-186 geht es um das Haus der Kinder. Notiere die Gemeinsamkeiten zwischen dem echten Hokisa und dem Haus im Roman.

4. Startet in der Klasse eine HOKISA-Sammelaktion! Lest euch noch einmal den Abschnitt auf dem unteren Flyer durch, der erklärt, was mit welchen Spendenbeträgen erreicht werden kann. Überlegt euch dann, wie ihr Spenden für den Verein sammeln könnt, und entwerft einen Projektplan.

## Ideen:

- Führt einen Sponsorenlauf für HOKISA durch. Hier können die Teilnehmenden mit Hilfe von persönlichen Sponsoren Geld sammeln. Die Läufer suchen sich vor dem Lauf unter Bekannten möglichst viele Sponsoren, die für jeden Kilometer oder jede Runde, die sie während der festgelegten Laufdauer (üblicherweise zwei Stunden) zurücklegen, einen bestimmten Geldbetrag zusagen. Beim Lauf versuchen die Läufer dann, so viele Runden wie möglich zu absolvieren, damit den Kindern bei HOKISA umso mehr Geld zugutekommt. Wie wäre es mit Inlineskating?
- Sammelt einfach so viel Geld wie möglich in eurer Klasse. Jeder Cent zählt.
- Backt leckeren Kuchen und köstliche Waffeln. Eure Eltern spenden euch sicher die Zutaten. Wenn ihr diese z.B. auf dem Elternsprechtag oder am Tag der offenen Tür in der Schule verkauft, könnt ihr Geld für HOKISA einnehmen.
- Themba hat mit seiner Arbeit als Fußballer Glück gehabt, vielen anderen Kindern in Südafrika geht es aber nach wie vor schlecht. Suche dir für einen Tag einen Schülerjob (Autowaschen, Rasenmähen, Gartenarbeit), und spende deinen Verdienst an HOKISA.

*Tipp für alle Aktionen: Stellt Plakate zusammen, auf denen ihr über den guten Zweck eurer Aktion informiert. Mehr Material zu HOKISA findet ihr unter www.hokisa.co.za*

LITERATURkartei [+] „Themba"

## Kapitel [13]

# Homes for Kids in South Africa (2)

ZUM|Roman

---

HOKISA wird international von Einzelpersonen und Initiativen sowie von Fördervereinen in den Niederlanden, den USA und durch unseren »Förderverein HOKISA e.V.« in Deutschland unterstützt.

Wir teilen mit HOKISA in Südafrika die Einschätzung, dass konkrete Hilfe für von HIV/Aids betroffene Menschen nur dann langfristig und nachhaltig wirkt, wenn sie mit Respekt und Achtsamkeit vor den Gegebenheiten in der Umgebung des Projekts geschieht und zugleich auch bewußtseinsverändernd und aufklärend gegenüber Tabus und Ungerechtigkeiten geleistet wird.

**So wirksam kann schon eine kleine finanzielle Unterstützung für HOKISA sein:**

Für **5,– Euro** kann ein Spiele-Nachmittag für gut 40 Kinder auf dem HOKISA-Spielplatz durchgeführt werden.

Für **10,– Euro** kann die Nachbarschaft vom HOKISA-Home in Englisch und Xhosa auf Flugblättern über Aktivitäten zur AIDS-Aufklärung informiert werden.

Für **25,– Euro** kann ein Kind im HOKISA-Home eine Woche lang rund um die Uhr betreut, gekleidet, mit guter Nahrung und nötiger Medizin versorgt werden.

Der *Förderverein Hokisa e.V* in Bonn wurde gegründet um Menschen die Möglichkeit zu geben, HOKISA in Südafrika durch Spenden zu unterstützen. Die Spenden sind steuerlich absetzbar und werden von uns mit möglichst geringem finanziellem und organisatorischem Aufwand an HOKISA / Südafrika weitergeleitet.

Weiterhin möchte der Verein in Deutschland Informationen über HOKISA / Südafrika weiter verbreiten sowie über die Lesereisen von Lutz van Dijk in Deutschland informieren. In einem Anhang der HOKISA-Website www.hokisa.co.za werden wir regelmäßig deutschsprachige Informationen zu HOKISA und zu Aktivitäten und Terminen von HOKISA-UnterstützerInnen in Deutschland veröffentlichen.

**Förderverein HOKISA e.V.**
c/o Bildungswerk für Friedensarbeit
Budapester Str. 21 · 53111 Bonn
hokisa@bf-bonn.de
Tel. 02 28 / 963 66 66

**Spendenkonto**
Konto 833 70 00
Bank für Sozialwirtschaft Köln
BLZ 370 205 00

**www.hokisa.co.za**

**HOKISA** – HOMES FOR KIDS IN SOUTH AFRICA

*Mitten im Leben –*
*ein Haus für von HIV und Aids betroffene Kinder*

Fotos: Christoph Heise

*Förderverein HOKISA e.V.*

---

»Angesichts der Bedrohung
von AIDS müssen wir alle Meinungsverschiedenheiten überwinden
und alle Anstrengungen vereinen.
Die Geschichte wird uns
einmal streng danach beurteilen,
falls wir versagen sollten.«

Nelson Mandela, im Juli 2000

*Schulchor aus Masiphumelele bei der Eröffnung des ersten HOKISA Homes*

Südafrika hat seine Freiheit von der Apartheid hart erkämpfen müssen. Die Möglichkeit der Menschen, sich endlich in demokratischen Strukturen zu entfalten, Ideen zu verwirklichen und neue Entwicklungen anzustoßen wird mehr und mehr durch HIV/AIDS bedroht.

Diese Epidemie lähmt vor allem die Generation junger Schwarzer, die zukünftig die Geschicke dieses Landes lenken sollen in ihrem Einfallsreichtum und Tatendrang nach Veränderungen.

Um dieser Entwicklung entgegenzuwirken, gründeten Karin Chubb, südafrikanische Dozentin an der Western Cape University und der deutsch-niederländische Schriftsteller Lutz van Dijk im März 2001 in Kapstadt die Stiftung HOKISA, »*Homes for Kids in South Africa*«. Im November 2002 erhielt HOKISA die staatliche Anerkennung als gemeinnützige Non-Profit-Organisation.

Am Anfang konzentrierte sich HOKISA auf das Sammeln und Verteilen von Spenden an unterschiedliche Initiativen, die sich für von HIV/AIDS betroffene Kinder und ihre erwachsenen Bezugspersonen in benachteiligten Gemeinschaften in Südafrika mit dem lokalen Schwerpunkt des Western Cape einsetzen. Ab Anfang 2002 wurde das erste eigenständige Projekt in Angriff genommen: das erste HOKISA Home wurde in dem Township Masiphumelele in engem Kontakt mit den Bewohnern geplant und gebaut.

*Der Kinderspielplatz vor dem HOKISA Home.*

*Erzbischof Desmond Tutu weihte am 1. Dezember 2002 das HOKISA Homes in Masiphumelele ein.*

Dieses Haus für Kinder in Masiphumelele, südlich von Kapstadt gelegen, wurde am 1. Dezember 2002, dem Welt-AIDS-Tag, unter großer Anteilnahme der Township-Nachbarschaft eingeweiht. Zehn von HIV und AIDS betroffene Kinder können hier eine dauerhaftes Zuhause finden, wesentlich mehr werden unterstützt mit guter Ernährung und Spielmöglichkeiten. Alle Mitarbeiter, Erzieherinnen sowie Hausmeister und Gärtner, sind ehemals arbeitslose Township-Bewohner. Zudem besteht eine enge Zusammenarbeit mit der nahegelegenen Tagesklinik sowie der Grundschule. Der Spielplatz des Heimes ist offen für alle Kinder der Nachbarschaft.

*Ein Kinderzimmer im HOKISA Home.*

Der einzige Hausarzt im Township, Dr. Jacka, hat 2003 seine Praxis auf dem HOKISA-Gelände, in einem von der HOKISA-Stiftung gebauten »Doktorhaus« bezogen.

Nicht Separation, sondern das Miteinander steht im Vordergrund. Das hilft, Vorurteile abzubauen und neue Perspektiven für Menschen mit HIV/Aids und ihre Familien zu eröffnen.

---

LITERATUR*kartei* [+] „Themba"

# Eine Schreibkonferenz durchführen

Um einen Text, den ihr verfasst habt, zu optimieren, bietet sich die Methode der Schreibkonferenz an. Die Schreibkonferenz verläuft nach einem festgelegten Ablauf. Es ist praktisch ein Beratungsgespräch, das du mit anderen, z.B. deinen Klassenkameraden, führst. Wenn ihr diesen Ablauf (am Beispiel auf diesem Arbeitsblatt) geübt habt, könnt ihr die Methode an jedem beliebigen Text ausprobieren.

## So funktioniert eine Schreibkonferenz

1. Bildet Kleingruppen aus je drei bis vier Mitgliedern.
2. Einer liest nun seinen Text laut der Gruppe vor. Das kann ruhig mehrfach erfolgen. Dabei könnt ihr die Betonung verändern, auch einige Worte könnt ihr mehrfach wiederholen, um so die Bedeutung hervorzuheben. Diese Art des Vorlesens hilft beim Interpretieren des Textes.
3. Spontanphase: Jeder sagt spontan, was ihm zu dem Text einfällt. Gut ist es, wenn jemand aus der Gruppe in Stichworten mitschreibt. Diskutiert die Spontaneinfälle noch nicht, ihr verzettelt euch sonst. Hier gilt: Alle Einfälle sind erlaubt.
4. Fragephase: Jetzt könnt ihr anhand der gemachten Stichworte konkret nachfragen, was die anderen Gruppenmitglieder gemeint haben. Inhaltliche Nachfragen könnt ihr ebenfalls tätigen. Der Verfasser notiert sich, was er ggf. ändern, z.B. noch klarer formulieren möchte.
5. Nun geht die Gruppe den Text systematisch durch und bespricht sprachliche und inhaltliche Einzelheiten. Der Verfasser macht sich Markierungen, wo er etwas ändern möchte, und notiert sich Vorschläge.
6. Nun prüft ihr den Text auf Rechtschreibung hin.
7. Der Verfasser arbeitet alle Anmerkungen und Korrekturen ein. Jetzt kann er den Text dem Lehrer vorlegen und/oder „veröffentlichen", indem er der ganzen Klasse vorgelesen, gedruckt, weitergestaltet ... wird.

1. „Du hast genug Vorrat an Kraft, wenn du etwas mit dem Herzen machst", sagt Themba — S. 187. Inwieweit trifft das auf seine Lebensgeschichte zu? Beantworte diese Frage in einem Aufsatz. Alternativ kannst du auch darüber schreiben, inwieweit dieser Satz auf dein eigenes Leben zutrifft.
2. Haltet dann eine Schreibkonferenz ab, in der ihr eure Texte vorlest.

# Unterwegs als Sportreporter (1)

Bereits im vierzehnten Kapitel habt ihr den Laduma-Reporter Sandile kennengelernt. „Einige Reporter [...] klatschen Beifall, andere pfeifen aus Protest" (S. 206), als Themba offen über seine HIV-Infektion spricht. Themba zählt Sandile offenbar zu den vertrauenswürdigen Journalisten.

Stelle dir vor, du bist Sandile, und Themba hat dir nach seiner Pressekonferenz ein Exklusivinterview angeboten. Notiere dir auf dem Reporterblock mindestens zehn Fragen, die du ihm unbedingt stellen willst. Denke daran, dass du der Einzige bist, der über Themba berichten darf, das Thema HIV/Aids sollte also eine Rolle spielen.

# Kapitel [15]

## Unterwegs als Sportreporter (2)

Sandile hat es geschafft! Ihm ist als Einziger ein Interview mit Themba gelungen.

1. Notiere hier zunächst die Überschrift, unter der das Interview erscheinen soll:

   _____

   _____

2. Suche dir nur einen Partner. Vergleicht die Fragen, die ihr auf dem Arbeitsblatt „Unterwegs als Sportreporter (I)" festgehalten habt, und sucht die wichtigsten zehn heraus. Bereitet Thembas Antworten vor, und spielt der Klasse den Dialog vor.

3. Der Chefredakteur von Laduma hat sich entschlossen, dein Interview als Aufmacher zu benutzen. Auf dem Titelbild soll ganz groß damit geworben werden. Gestalte im Feld unten das aktuelle Titelbild!

Abbildungen:
Quelle: www.soccerladuma.co.za

LITERATURkartei [+] „Themba"

Kapitel [14-15]
ZUM|Roman

# WM in Südafrika: Die Stadien

Themba ist am Ende des Romans einer der ganz Großen im südafrikanischen Fußball. Bei der WM 2010 wäre er also sicher mit dabei ... Im Folgenden findet ihr die Stadien, in denen die Nationalmannschaften antreten werden.

| Johannesburg: | FNB Stadion | 94 700 Zuschauer |
| --- | --- | --- |
| Durban: | Moses Mabidha Stadion | 70 000 Zuschauer |
| Kapstadt: | Green Point Stadion | 68 000 Zuschauer |
| Johannesburg: | Ellis Park Stadion | 65 000 Zuschauer |
| Pretoria: | Loftus Versfield Stadion | 53 056 Zuschauer |
| Bloemfontein: | Free State Stadion | 48 000 Zuschauer |
| Port Elizabeth: | Nelson Mandela Bay Stadion | 46 500 Zuschauer |
| Polokwane: | Peter Mokaba Stadion | 45 000 Zuschauer |
| Nelspruit: | Mbombela Stadion | 43 500 Zuschauer |
| Rustenburg: | Royal Bafokeng Stadion | 42 000 Zuschauer |

## Zum Beispiel das FNB-Stadion („First National Bank Stadium")

Das FNB Stadium in Johannesburg soll während der WM 2010 Austragungsort von Eröffnungs- und Endspiel sein. Zu diesem Zweck wird das größte Stadion Südafrikas einem Umbau unterzogen, der schon fast einem Neubau nahekommt. Neben verschiedenen Maßnahmen, das Stadion auf den technisch neuesten Stand zu bringen und Zuschauerränge sowie sanitäre Einrichtungen zu modernisieren, ist die Errichtung eines neuen Daches zentraler Bestandteil der Bauarbeiten. Nach seiner Fertigstellung wird das Stadion 94 700 Zuschauer fassen und 99 exklusive VIP-Logen haben. Die Baumaßnahmen wurden im Januar 2007 begonnen und sollen im Herbst 2009 abgeschlossen sein. Auf den Internetseiten www.stadionwelten.de und www.wm-2010-netzwerk.de findet du sehr viele Informationen rund um die Fußball-WM 2010. Alle Stadien werden dort ausführlich beschrieben und mit Fotos gezeigt.

1. Drucke dir Fotos aller südafrikanischen Stadien aus.
   Hier findest du sie: www.stadionwelten.de

2. Zeichne eine Karte von Südafrika auf ein DIN-A3-Blatt, und klebe die einzelnen Stadien an die richtigen Stellen. Eine Vorlage für deine Karte findest du zum Beispiel in deinem Schulatlas oder hier: www.welt-atlas.de/datenbank/karte.php?kartenid=2-92

3. Stelle exemplarisch ein Stadion mit der dazugehörigen Stadt in einem Kurzreferat deinen Mitschülern vor.

LITERATURkartei [+] „Themba"

FILM & *Autor*

# Ein Interview mit Lutz van Dijk

*Schönfeld:* Gab es ein konkretes Erlebnis, das Sie dazu veranlasst hat, das Buch „Themba" zu schreiben?

*Van Dijk:* Da gibt es viele Erlebnisse im Alltag der Arbeit in unserem HOKISA Kinderhaus im Township Masiphumelele bei Kapstadt, aus denen ich den Roman „Themba" gestaltet habe. Etwas klingt dies ja auch an in dem Kapitel über das Kinderhaus im Buch.

*Schönfeld:* Wie kamen Sie auf die Namen in dem Buch „Themba"?

*Van Dijk:* Das sind alles ganz normale Namen von Mädchen und Jungen aus unserem Township. Das Schöne bei Xhosa-Namen ist, dass die meisten Kinder und Jugendlichen auch die genaue Bedeutung ihres Namens kennen, so wie zum Beispiel bei Themba, der „Hoffnung" bedeutet.

*Schönfeld:* Warum gab es für Themba nicht doch ein Happy End?

*Van Dijk:* Ich glaube, dass es für Themba etwas Wunderschönes ist, dass er die Hoffnung erhält, seinen so lange vermissten Vater wiederzufinden. Das ist ein ehrliches Happy End.

*Schönfeld:* Ein Teil des Erlöses geht an die HOKISA-Stiftung, die Sie selbst ins Leben gerufen haben. Was für eine Bedeutung hat dieses Projekt für Sie und für die Menschen in Masiphumelele?

*Van Dijk:* Es ist für mich das wichtigste Projekt meines Lebens: Kindern, die sonst betteln und vielleicht sterben müssten, ein Zuhause zu geben und Mut zu machen, ihr Leben zu schaffen. Für viele im Township ist HOKISA sicher ein Symbol von Hoffnung, von Zuverlässigkeit – und von Nicht-Aufgeben, wie groß die Probleme auch sein mögen. Mehr über HOKISA auch unter: www.hokisa.co.za

*Schönfeld:* Wie erleben und erfahren Sie das Leben in Südafrika?

*Van Dijk:* Als schön und schwierig zugleich. Es gibt nach wie vor viele, viele Probleme – am meisten bedrückt mich, dass die großen Unterschiede zwischen wenigen sehr Reichen und Millionen von sehr armen Menschen noch immer nicht überwunden sind. Es ist eine kranke Welt, in der ein Mensch fest daran glaubt, dass ihn vier Häuser, drei Autos und zwei Swimmingpools glücklicher machen, als ein Auto zu verkaufen und dafür Menschen, die hungern, Arbeit und Nahrung zu geben.

*Schönfeld:* Welche Wirkung erhoffen Sie sich vom Buch und von dem Film?

*Van Dijk:* Dass Menschen in Deutschland neben all dem Jubel und Trubel rund um die Fußball-WM 2010 auch mehr davon begreifen, wie die Mehrheit der Südafrikaner heute lebt – und was vor allem junge Menschen bewegt. In Südafrika ist bisher selten so offen wie in meinem Buch und dem Film über Aids und das Leben junger Leute gesprochen worden. Es wird hoffentlich vielen Mut machen, sich nicht mehr zu schämen oder gar zu verstecken wegen der Krankheit.

1. Was hat van Dijk dazu veranlasst, den Roman „Themba" zu schreiben?

2. Was will er damit erreichen?

# Eine Filmszene analysieren

**FILM & *Autor***

Hier findest du einige Fragen, die dir bei der Untersuchung einer Filmszene, von Themba oder einem anderen Film, helfen können. Sicher fallen dir noch weitere ein. Wenn du die Szene häufiger anschaust, wirst du merken, dass du immer mehr Fragen stellen kannst.

Am leichtesten ist die Analyse von Filmszenen in einer Kleingruppe. Jeder achtet zwar auf die vorher verabredeten Fragen, aber trotzdem hat jeder einen anderen Blick auf den Film. Das liegt ganz einfach an den unterschiedlichen Erfahrungen, die ihr bisher in eurem Leben gemacht habt.

## Eine Filmszene analysieren

Einigt euch auf eine Filmszene, die ihr gemeinsam untersuchen wollt. Gebt zunächst einen ersten allgemeinen Gesamteindruck von den handelnden Personen und dem Handlungsort. Untersucht die Szene im Anschluss daran mit Hilfe der folgenden Fragen genauer. Dabei könnt ihr eine Tabelle mit drei Spalten anlegen. In die linke Spalte kommen die Fragen, in die mittlere kommen die im Film gemachten Beobachtungen und in die ganz rechte Spalte kommt, was damit beim Zuschauer erreicht werden soll.

- Beschreibe den Ort! Was soll mit diesem Ort bei dem Zuschauer für ein Gefühl oder was für eine Erwartung geweckt werden?

- Achte auf die Musik in der Filmszene. Beschreibe die Musik (zum Beispiel: Schnelligkeit, Instrumente, ausgedrücktes Gefühl). Wann wird die Musik eingesetzt? Was soll mit der Musik erreicht werden?

- Welche Geräusche sind zu hören? Warum sind sie gerade an dieser Stelle zu hören? Was soll mit diesem Geräusch erreicht werden?

- Welche Themen werden in der Filmsequenz aufgegriffen?

- Beschreibe das Aussehen der handelnden Personen! Dabei sind neben der Kleidung vor allem die Körperhaltung, der Gesichtsausdruck und die Gestik wichtig.

- Untersuche die Sprache der handelnden Personen! Sprechen sie schnell oder langsam, leise oder laut, flüssig oder stockend? Welche Gefühle werden transportiert?

- Sind sprachlicher Inhalt und die Körpersprache der handelnden Person übereinstimmend? Oder sagt beispielsweise der Gesichtsausdruck etwas anderes aus als das, was die Person sagt?

# Buch und Film – Szene vergleichen

**FILM & Autor**

Im elften Kapitel beschreibt Themba ein für ihn einschneidendes Erlebnis: Er wird mit dem Elend der Krankheit Aids hautnah konfrontiert. Seine Mutter leidet massiv unter dieser Krankheit und lebt in einer heruntergekommenen Hütte. Themba erlebt dabei auch die Armut, die zum einen alltäglich in Südafrika ist, zum anderen ihn selbst ganz konkret bedroht.

Wie wird der Kapitelausschnitt (S. 145–153) im Film umgesetzt? Fülle die Tabelle aus. Falls du mehr Platz benötigst, übertrage sie in dein Heft.

| Aussage im Text ... | Wie wird der Kapitelausschnitt szenisch umgesetzt? | Beschreibung der Filmszene |
|---|---|---|
| Aussage im Text ... | | Beschreibung der Filmszene |
| Aussage im Text ... | | Beschreibung der Filmszene |
| Aussage im Text ... | | Beschreibung der Filmszene |

LITERATURkartei [+] „Themba"

# Vom Buch zum Film – Ein Drehbuch

**FILM & Autor**

1. Nun wird es spannend: Stelle dir vor, du bist die Regisseurin von „Themba", Stefanie Sycholt. Du sollst nun in die rechte Spalte eintragen, wie man die Inhalte des Kapitels filmisch umsetzen könnte. Denke dabei unbedingt an Musik, Geräusche, Gestik und Mimik der Personen. Auch Dialoge gehören zu einem Film!

| KAPITELINHALT | DARSTELLUNG IM FILM |
|---|---|
| Heimat, Themba und Nomtha liegen im Bett. Mutter schläft, müde von der Arbeit im Maisfeld. Ein Scharren ist zu hören (Geckos?). Dann klopft es. | |
| Themba und Nomtha gehen dem Geisterklopfen nach, schauen aus der Türe und sehen die Sangoma (Geisterheilerinnen). | |
| Nomtha läuft in die Nacht, Themba hinterher. Sie beobachten die heilige Zeremonie. | |
| Die Sangoma fragen Geister, warum sie weinen, und die alte Frau, die die Frage aufgeworfen hat, beantwortet sie auch. | |
| Nomtha fragt die Mutter, wo der Vater ist. Die Mutter ist sehr traurig, zeigt das Foto und erzählt die Geschichte des Vaters. | |

2. Einige Szenen kannst du mit deinen Mitschülern nachstellen und, wenn ihr die technischen Möglichkeiten habt, auch aufnehmen, um die Wirkung – auch auf die Zuschauer – zu erproben!

LITERATURkartei [+] „Themba"

# „Das hab ich mir anders vorgestellt"

**FILM & *Autor***

Wenn du ein Buch gelesen und vielleicht sogar darüber gesprochen hast, sind sicherlich Bilder in deinem Kopf entstanden. Du wirst eine ganz besondere Vorstellung vom Inhalt des Buches haben. Eine Verfilmung ist die Interpretation eines Regisseurs (hier von Stefanie Sycholt). Sie beruht auf seinen Ideen und Erfahrungen. Außerdem richtet er sich eventuell nach dem, was sich „verkaufen" lässt. Auch solche Überlegungen machen einen Film aus. Daher ist es naheliegend, dass ein Film nicht immer den Erwartungen des Lesers entspricht, vor allem, wenn er das Buch besonders gut kennt.

1. Bildet Kleingruppen. Besprecht in der Gruppe die wichtigen Romanfiguren (Themba, Nomtha, die Mutter, Onkel Luthando, Mama Zanele, Sipho).
   Versucht euch zu einigen, wie die jeweilige Person im Film dargestellt werden sollte. Notiert euch euer Ergebnis.

2. Diskutiert anschließend folgende Fragen: Wie wird die jeweilige Figur im Film tatsächlich dargestellt? Wo sind Übereinstimmungen, wo sind Unterschiede?

|  | Vorstellung in der Gruppe | Unterschiede |
|---|---|---|
| Themba |  |  |
| Nomtha |  |  |
| Mutter |  |  |
| Onkel Luthando |  |  |
| Mama Zanele |  |  |
| Sipho |  |  |

# Lösungen für Themba (1)

Seite 15: **Themba als Junge und junger Mann** | Aufgaben 1 und 2

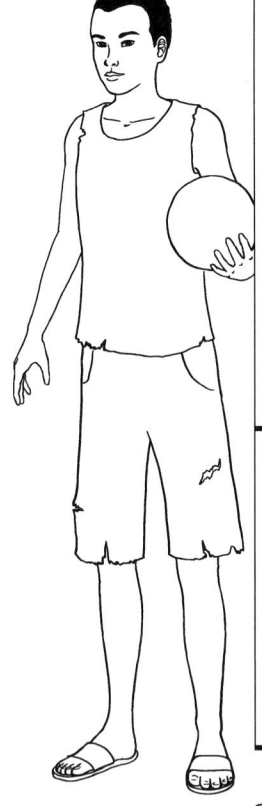

### Vergangenheit

- Er und Nomtha stammen aus einem armen Dorf, aus dem sie fortgegangen sind.
- Er und Nomtha haben ihren Onkel Luthando und ihren Großvater verlassen.
- Er hat seinen Vater nie kennengelernt, da dieser verschwand, als Themba vier oder fünf Jahre alt war.
- Themba und Nomtha wussten nicht, warum der Vater nie zurückkehrte, und die Mutter hat lange Zeit nicht über ihn gesprochen.
- Als Themba neu in der Nationalelf war, stellte Andile ihm drei bedeutende Fragen über seine Vorfahren, seine Herkunft und über Nomtha. Die Fragen beschäftigen ihn sehr lange, da sie ihn tief in seiner Seele berühren.

### Gegenwart

- Er spielt in der Nationalelf.
- Seine Mutter liegt im Sterben.
- Seine Schwester ist die Einzige, die ihm von seiner Familie geblieben ist. Sie ist das wichtigste Mädchen in seinem Leben.
- Er und Nomtha wollen nichts mehr mit ihrem Onkel Luthando zu tun haben.
- Andile spielt eine wichtige Rolle für Themba.

Seite 16: **Themba erinnert sich**

| Thembas Schwester | Sangomas | Familiengeschichte |
|---|---|---|
| ▪ Nomtha hat vor nichts Angst und ist neugierig.<br>▪ Sie ist hartnäckig.<br>▪ Sie vermisst den Vater und möchte wissen, warum er fortgegangen ist.<br>▪ Sie ist Themba sehr wichtig. | ▪ Sie halten eine heilige Versammlung am Fluss ab.<br>▪ Manche heilige Treffen sind nur für Erwachsene.<br>▪ Die Heilerinnen und Heiler sind in Decken gehüllt und haben sich ihre Gesichter teilweise hell gefärbt.<br>▪ Sie schlagen Trommeln und führen ein Ritual aus, bei dem jeder einen Schluck einer weißen Flüssigkeit trinken muss und der Rest schließlich in den Fluss gegossen wird, während die Sangomas leise Gebete sprechen.<br>▪ Auf rituelle Weise wird auf der Versammlung besprochen, dass durch Aids immer mehr Väter, Ehemänner und Brüder sterben und was das für die betroffenen Familien und die Gesellschaft bedeutet. | ▪ Der Vater ist verschwunden.<br>▪ Die Mutter redet nicht über den Vater, hat seinen Namen seit seinem Verschwinden nicht mehr genannt, und die Erinnerung an ihn ist für sie schmerzlich, da sie ihn noch immer liebt.<br>▪ Nomtha weiß nicht, warum der Vater die Familie verlassen hat.<br>▪ Die Mutter weiß nicht, ob der Vater noch lebt.<br>▪ Der Vater gehörte dem Untergrund an, schon bevor er die Mutter kennenlernte, und fälschte Ausweise für Leute, die untertauchen mussten.<br>▪ Der Vater hat Widerstand gegen die Ungerechtigkeiten der Apartheid geleistet. |

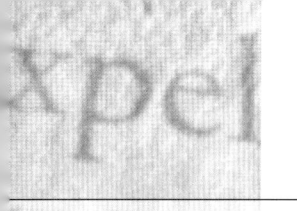

# Lösungen für Themba (2)

Seite 18: **Nomtha und Themba** | Aufgabe 3

| Das verbindet Themba und Nomtha … | Darin unterscheiden sich Themba und Nomtha … |
|---|---|
| ▪ gemeinsame Eindrücke aus der Kindheit (Gerüche, Geräusche etc.)<br>▪ Sie liegen oft nachts wach und deuten die verschiedenen Geräusche, die sie hören.<br>▪ haben nur noch sich gegenseitig als Familie<br>▪ Sie möchten beide mehr über ihren Vater wissen. | ▪ Nomtha glaubt, dass die Vorfahren über sie wachen und sie beschützen, Themba glaubt das nicht.<br>▪ Themba sind Geister unheimlich, Nomtha begegnet ihnen eher mit Neugier.<br>▪ Nomtha ist mutig und neugierig, hat so gut wie nie Angst, Themba schon. |

Seite 21: **Der Weg in die Rassentrennung** | Aufgabe 1

- Ende des 15. Jahrhunderts: südafrikanische Küste als Zwischenstation für den Seeweg nach Indien
- 1652 Holländer erbauten eine Station am Kap
- 1794 Machtübernahme durch die Engländer
- 1828 rechtliche Gleichstellung von Weißen und Schwarzen
- 1833 Abschaffung der Sklaverei
- 1856 Gründung der Südafrikanischen Republik
- 1899 Krieg zwischen Buren und Engländern
- 1902 Ende des Krieges und Vereinigung Südafrikas unter der Herrschaft der Engländer
- 1909 Gründung der Südafrikanischen Union
- 1913 Verabschiedung des Eingeborenen-Landgesetzes
- 1914–1918 Erster Weltkrieg
- 1980er-Jahre Boykott von Südafrika und seinen Handelswaren
- 1990 Ablehnung der Apartheid durch viele weiße südafrikanischen Politiker
- 1994 Außerkraftsetzung aller Apartheidgesetze

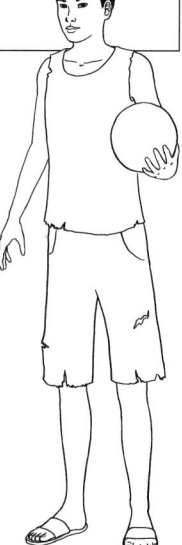

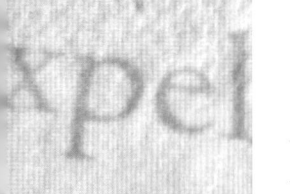

# Lösungen für Themba (3)

Seite 25: **Sangoma: Zauberer? Ärzte? Scharlatane?** | Aufgabe 1

| Sangoma | Deutschland |
|---|---|
| ◼ einfache Krankheiten heilen | ◼ Hausarzt/Allgemeinmediziner |
| ◼ ernsthafte Krankheiten heilen | ◼ Fachärzte |
| ◼ Kontakt zu Ahnen herstellen | ◼ Geistliche |
| ◼ Befragen der Geister | ◼ Hellseher, Tarotkarten, Geistliche |
| ◼ Hellsehen | ◼ Hellseher, Tarotkarten, Astrologen |
| ◼ Schutz von Menschen, Tieren und Dörfern | ◼ Geistliche, Glücksbringer |

Seite 47: **Das Wiedersehen im Township** | Aufgabe 2

| Personen | Verhältnis zu der Mutter |
|---|---|
| ◼ Sister Princess | ◼ Sie erinnert sich an die Mutter, da diese immer wieder von ihren Kindern gesprochen hat. |
| ◼ ein älterer Nachbar | ◼ Er gibt der Mutter die Schuld an ihrer Krankheit und fordert, dass sie wegzieht. |
| ◼ Nelisa | ◼ Sie weiß um die Krankheit der Mutter und darf keinen Kontakt zu ihr haben, setzt sich aber über dieses Verbot hinweg und ist freundlich zu ihr. |
| ◼ eine Nachbarin | ◼ Sie ist freundlich zu der Mutter, hilft ihr, indem sie die Wäsche der Mutter wäscht und ihr gelegentlich etwas zu essen gibt. Als sie wegzieht, schenkt sie ihr ein paar Haushaltsgegenstände. |
| ◼ ein Gärtner | ◼ Er erzählt der Mutter, was er über den Vater weiß, und lüftet so das Geheimnis seines Verschwindens. |

# Literatur- und Internettipps

## Literaturtipps

*Andersen, Uwe:*
**Entwicklungsländer – Gemeinsamkeiten und Unterschiede.** In: Bundeszentrale für politische Bildung, Informationen zur politischen Bildung (Heft 286): Entwicklung und Entwicklungspolitik. 2005.
Best.-Nr. 4286

*Mandela, Nelson:*
**Der lange Weg zur Freiheit.**
Fischer, 1997.
ISBN 978-3-59613804-3

*Nohlen, Dieter/Nuscheler, Franz (Hg):*
**Handbuch der Dritten Welt, Bd. 5
Ost- und Südafrika.**
Verlag J. H. W. Dietz, 1993.
ISBN 978-3-80120205-7

*Nohlen, Dieter (Hg.):*
**Lexikon Dritte Welt.**
Rowohlt, 2000.
ISBN 978-3-49960684-7

*van Dijk, Lutz:*
**Die Geschichte Afrikas.**
Campus Verlag, 2004.
ISBN 978-3-59337101-6

## Internettipps

*Apartheid:*
www.dadalos.org/deutsch/Menschenrechte/Grundkurs_MR5/Apartheid/Apartheid/aparthei.htm
(umfangreiche Infos, Schaubilder und Unterrichtsmaterial zu Themen wie Apartheid, Menschenrechte etc.)

*Film:*
www.youtube.com/watch?v=gyfPQY-p8Jw&feature=related (Arte auf Youtube, Stichwort: Apartheid)

www.youtube.com/watch?v=wppaomNsHTA
(Arte auf Youtube, Stichwort: Apartheid)

*Fußball:*
www.fussball-gegen-aids.de
(Initiative in Südafrika und Simbabwe)

www.streetfootballworld.org
(weltweites Netzwerk für Fußball in sozialen Entwicklungsprogrammen)

*Gesundheit/Aids:*
www.aidshilfe.de (Deutsche Aidshilfe)

www.bzga.de
(Bundeszentrale für gesundheitliche Aufklärung)

www.gib-aids-keine-chance.de
(Kampagne „Gib AIDS keine Chance")

*Länderinfos:*
www.auswaertiges-amt.de/diplo/de/Laenderinformationen/01-Laender/Suedafrika.html

www.issa-bonn.org/laender/sued.htm
(Informationsstelle südliches Afrika)

www.suedafrika.org
(Südafrikanische Botschaft)

*Politik:*
www.aerzte-ohne-grenzen.de
(Ärzte ohne Grenzen, Stichwort Südafrika eingeben)

www.tdh.de
(Terre des hommes, Stichwort Südafrika eingeben)

*Weiteres:*
www.hokisa.co.za
(Verein, der durch den Romanautor gegründet wurde)

www.club-der-guten-hoffnung.de
(Aktion zur WM 2010)

Die in diesem Werk angegebenen Internetadressen haben wir geprüft (August 2009). Da sich Internetadressen und deren Inhalte schnell verändern können, ist nicht auszuschließen, dass unter einer Adresse inzwischen ein ganz anderer Inhalt angeboten wird. Wir können daher für die angegebenen Internetseiten keine Verantwortung übernehmen.